これで安心！

第3版

個人情報保護・
マイナンバー

弁護士
影島広泰
著

日本経済新聞出版

収録図版と「確認テスト」のダウンロード方法

本書内で ☆ マークのついた図版と
第4章「確認テスト」、第5章「鉄則10カ条」は、
ダウンロード可能です。
ぜひ実務に役立ててください。

STEP 1 ホームページにアクセス!
https://bookplus.nikkei.com/atcl/catalog/24/04/22/01365/

STEP 2 ダウンロード!

STEP 3 実務に活用!

はじめに

　今、この本を手にしているすべての皆さんが「個人情報」を扱う立場にあります。お客様の名刺、商品の配送伝票、店内の防犯カメラの映像……個人情報の範囲は多岐にわたり、法律で決められた保護をしないと会社の信頼を損なう大問題になってしまう可能性があります。まずはこの点をご理解ください。

　さて、個人情報保護法は施行後3年ごとの見直しが決められています。2017年の施行後、2020年（令和2年）に見直しが行われ、2022年4月に改正法が施行されました。3年ごとに見直しが行われるのは、技術の進歩による情報化のスピードがきわめて速いためです。法律も施行後3年ごとに見直しを行わないと、その変化に追いついていけません。

　近年の大きな社会変化としては、DX（デジタルトランスフォーメーション）の進化があげられます。データを蓄積・分析して利用することがますます盛んに行われるようになり、消費者のウェブ上の閲覧履歴や日常生活での行動履歴などを蓄積・分析してビジネスに活用する流れが加速しています。2022年4月改正法では、こうした動きに対して規制をかけようという改正が行われました。

　規制の方向性は大きくは3つあります。

　1つ目は本人への情報提供をきちんと行う。どのような処理をしているかを事前に説明し、同意を得る場面を増やす。つまり、インフォームド・コンセントの強化です。

　その一環として「個人関連情報」という概念が新設されまし

た。改正前は規制がなかったものでも規制対象になるケースも
あり注意が必要です。

　2つ目は本人の権利の強化です。必要がなくなった場合や情
報漏えいが発生した場合などに、消去などの請求ができます。

　3つ目は「データの安全保障」という概念が登場し、データ
の外国移転に関する規制がとても厳しくなりました。これは日
本だけに限らず世界的な傾向となっています。

　個人情報に関して企業やビジネスパーソンに求められるの
は、「個人情報保護法では、何が個人情報に該当し、どんな行
動が規制されているか」を理解することです。個人情報を利活
用して新たなビジネス展開を検討する際には、それが「法律に
よって規制されていないか」に配慮し、確認することが重要に
なります。

　データの利活用が活発になるにつれて法律は改正され、個人
情報に該当するものが増えていきます。近時は、生成AIの利
用という新たな論点も生じていますので、皆さんには知識の
アップデートを常に心がけていただきたいと思います。

　　　　＊　　　　＊　　　　＊　　　　＊　　　　＊　　　　＊

　これまで個人情報保護に関して、①民間企業向けの個人情報
保護法、②行政機関個人情報保護法、③独立行政法人等個人情
報保護法、の3つの法律がありました。さらに、④地方公共団
体が制定する個人情報保護条例が全国に2000個もあります。

　たとえば、病院のレセプト情報を新薬開発に利活用する場
合、民間病院は①の法律、国立病院は③の法律、市立病院は④
の条例というように、個人情報保護に関するルールが不統一な

状況にありました。そこで2021年（令和3年）にも見直しが行われ、①〜③の法律と④の条例を統合して1本の法律となりました。この統合によりヘルスケアに関するビジネス分野等では個人情報の利活用が加速することが予測されます。

　さらに、2024年4月1日には、施行規則とガイドラインが改正され、ウェブスキミングの手法による個人情報の窃取がないよう、事業者が措置を講ずる義務が課されています。

　本書は、これらの法令の改正をすべて取り込んで作成しています。新しい個人情報保護法の下での実務を学んでいただければと思います。

2024年5月

影島広泰

個人情報保護法の改正の流れ

個人情報は、①〜③の法律と④の条例で保護されていた

①民間企業向けの個人情報保護法
②行政機関個人情報保護法
③独立行政法人等個人情報保護法
④地方公共団体が制定している個人情報保護に関する条例

▼

①〜④を統合・一本化する改正が行われた

第一段階：①の改正→2022年4月1日施行（令和2年改正）
第二段階：②と③の①への統合→2022年4月1日施行（令和3年改正1）
第三段階：④の①への統合→2023年4月1日施行（令和3年改正2）

改正の6つのポイント

　令和2年改正（2022年施行）・3年改正（2022年・2023年施行）の個人情報保護法の改正のポイントは6つです。

⭐ダウンロード　zu 0

個人情報保護法の改正のポイント

① 個人情報の利用と情報提供についての規制の強化	→ ● 情報分析等で利用する場合の個人情報の利用目的の特定 ● 保有個人データに関する公表事項の追加 ● 不適正な利用の禁止
② 個人の権利の強化	→ ● 短期保有データの除外の廃止 ● 開示のデジタル化 ● 第三者提供の記録の開示 ● 利用停止・消去、第三者への提供の停止の改正
③ 個人関連情報を取得する際の同意取得	→ ● 個人関連情報を個人データとして取得する旨の同意取得と確認
④ グローバルな個人データの取り扱い	→ ● 外国にある第三者へ個人データを移転する際の規則の強化
⑤ 仮名加工情報によるデータの利活用	→ ● 仮名加工情報の新設
⑥ その他の改正点	→ ● 漏えい等発生時の報告・通知の義務化 ● 個人情報保護法の罰金刑の引上げ

> ※2024年規則改正のポイント
> ・「取得しようとしている個人情報」も安全管理措置と漏えい等の報告の対象に

これは個人情報？　個人情報じゃない？

○ ×

1 「本人の氏名」は個人情報です。 　　□

---

2 「亡くなった人の情報」も個人情報です。 　　□

---

3 「会社名、氏名、電話番号が書かれた名刺」は個人情報です。 　　□

---

4 「顔が映っている防犯カメラの映像」は個人情報です。 　　□

---

5 「電話帳やSNSで公開されている氏名」は個人情報です。 　　□

[答え]
1＝○、2＝×、3＝○、4＝○、5＝○

1 「同姓同名の人がいるので個人情報ではない」と思いがちですが、氏名は個人情報です。

2 亡くなった人の情報は個人情報ではありません。ただし、物故者の情報が、遺族のプライバシーや個人情報となるケースもあるため、取扱いには要注意です。

3 「○○会社　甲野太郎」という情報は個人情報です。

4 「知らない人が見ても誰なのかわからないから個人情報ではない」は誤りです。

5 公開されている情報であっても、特定の個人が識別できる情報は個人情報に当たります。

これで安心！
個人情報保護・マイナンバー　第3版
目次

第 1 章
これで安心！　個人情報保護

第 2 章
これで安心！　マイナンバー

個人情報保護法の5つの掟

☑ **1 個人情報を「取得する」とき**
   個人情報を取得する際は何の目的で利用するか、本人に伝えます

☑ **2 個人情報を「利用する」とき**
   取得した個人情報を決めた目的以外のことに使ってはいけません

☑ **3 個人データを「保管する」とき**
   取得した個人情報は安全に管理します

☑ **4 個人データを「他人に渡す」とき**
   取得した個人情報を無断で他人に渡してはいけません
   （※「委託」の場合などは除きます）

☑ **5 本人から個人情報の開示や利用停止を請求されたとき**
   「自分の個人データを開示してほしい」「利用を停止してほしい」と
   本人からいわれたら、対応しなければなりません

※ただし、以上の掟にはさまざまな例外がありますので、本文で詳しく学んでください

ダウンロード zu 1

個人情報取扱事業者に対する規制の枠組み

①取得
利用目的を
伝える

②利用
目的の範囲内
で利用

③保管
安全管理
措置など

④提供
本人からの
同意が原則

提供者 → 個人情報取扱事業者 → 第三者

本人

⑤開示・利用停止等
本人からの開示・利用停止請求等

第 **1** 章

これで安心！
個人情報保護

POINT

- ☑ ①「個人情報」＝「特定の個人を識別することができる情報」

- ☑ ②取引先の担当者の名刺、顔写真、防犯カメラのビデオ映像、お客様が名前を名乗ったコールセンターの録音テープなどを含め、取り扱うさまざまなものが「個人情報」になる

- ☑ ③「個人情報」が検索できる形で体系的に構成されている場合、その個人情報を「個人データ」という

- ☑ ④会社が、「個人情報」「個人データ」を取り扱う際には、「取得」「利用」「管理」「第三者提供」についての規制と、「本人への開示」の義務がある。これらを定めたものが「個人情報保護法」

- ☑ ⑤「個人情報」を適切に取り扱わないと、漏えい事件やネットでの炎上などにつながり、会社の信頼を損なう大問題に発展してしまう。働く皆さんがきちんと知識を持つことが大事！

そもそも個人情報とは？

「特定の個人を識別できる」情報はすべて個人情報

　個人情報保護法では、「個人情報」が次のように定義されています（法第2条第1項）。

> 　「個人情報」とは、生存する個人に関する情報であって、次のいずれかに該当するものをいう。
> ①当該情報に含まれる氏名、生年月日その他の記述等により特定の個人を識別することができるもの（他の情報と容易に照合することができ、それにより特定の個人を識別することができることとなるものを含む）
> ②個人識別符号が含まれるもの

　まず、「生存する個人に関する情報」なので、亡くなった人の情報は個人情報ではありません（31ページ参照）。

具体的に何が個人情報となるのか

　①で、「特定の個人を識別することができるもの」として、氏名と生年月日が例示されていますが、氏名や生年月日が含まれていなくても、特定の個人を識別できる情報はすべて個人情報に当たります。たとえば、防犯カメラに映ったお客様の顔の画像は、特定の個人を識別できる情報ですから、その人の氏名がわからなくても個人情報なのです。
　個人情報に該当する例をまとめたものが、次ページの表です。

個人情報に該当する事例

本人の氏名
生年月日、連絡先（住所・居所・電話番号・メールアドレス）、会社における職位又は所属に関する情報について、それらと本人の氏名を組み合わせた情報
防犯カメラに記録された情報等本人が判別できる映像情報
本人の氏名が含まれる等の理由により、特定の個人を識別できる音声録音情報
特定の個人を識別できるメールアドレス（kojin_ichiro@example.com 等のようにメールアドレスだけの情報であっても、example社に所属するコジンイチロウのメールアドレスであることがわかるような場合等）
個人情報を取得後に当該情報に付加された個人に関する情報（取得時に生存する特定の個人を識別することができなかったとしても、取得後、新たな情報が付加され、又は照合された結果、生存する特定の個人を識別できる場合は、その時点で個人情報に該当する）
官報、電話帳、職員録、法定開示書類（有価証券報告書等）、新聞、ホームページ、SNS（ソーシャル・ネットワーク・サービス）等で公にされている特定の個人を識別できる情報

「個人識別符号」とは

②の「個人識別符号」とは、次の2つになります（法第2条第2項）。

①次に掲げる身体の一部の特徴を電子計算機のために変換した符号であって、特定の個人を識別することができるもの（生体認証の情報など）

- 細胞から採取されたデオキシリボ核酸（DNA）を構成する塩基の配列

- 顔の骨格及び皮膚の色並びに目、鼻、口その他の顔の部位の位置及び形状によって定まる容貌

- 虹彩の表面の起伏により形成される線状の模様

- 発声の際の声帯の振動、声門の開閉並びに声道の形状及びその変化

- 歩行の際の姿勢及び両腕の動作、歩幅その他の歩行の態様

- 手のひら又は手の甲若しくは指の皮下の静脈の分岐及び端点によって定まるその静脈の形状

- 指紋又は掌紋

②対象者ごとに異なるものとなるように役務の利用、商品の購入または書類に付される符号（公的な番号など）

- 旅券の番号

- 基礎年金番号

- 運転免許証の番号

- 住民票コード

- 個人番号（マイナンバー）

- 国民健康保険、後期高齢者医療制度及び介護保険の被保険者証にその発行を受ける者ごとに異なるものとなるように記載された個人情報保護委員会規則で定める文字、番号、記号その他の符号

- 健康保険の被保険者証の記号、番号及び保険者番号

- 雇用保険被保険者証の被保険者番号　ほか

関連知識

顔認識データはなぜ個人情報になる？

　顔認識データは、典型的には、目と目、目と鼻の間隔という、個人の身体の一部の特徴をコンピュータ用に変換した符号なので、個人識別符号に該当して個人情報に入ることになります。

働く人みんなが守るべきもの

　会社の業務で個人情報を取り扱う人には全員、法律に基づいた正しい取扱いが求められます。働く皆さん一人ひとりが法律を守るべき立場になることを肝に銘じてください。

> **関連知識**

氏名がわからない取引履歴なども個人情報になる?

　「他の情報と容易に照合することができ、それにより特定の個人を識別することができることとなる」情報も、個人情報となります。

　たとえば、部署Aに氏名入りの「顧客データベース」があり、部署Bには氏名がない「取引履歴」がある場合、「顧客コード」で「容易に照合」できるのであれば、部署Bの「取引履歴」も個人情報に当たることになります。

部署A			部署B		
顧客コード	氏名	生年月日	顧客コード	取引日	出金額
0000001	甲野太郎	S48.10.22	0000001	2022.8.25	¥1,000,000
0000002	乙山次郎	H4.1.3	0000001	2022.8.28	¥150,000
0000003	丙川三郎	S59.3.3	0000002	2022.8.29	¥500,000

POINT

「個人情報」を理解するためのキーワード

　法律上、いちばん取扱いが厳しく定められているのが、「特定個人情報（マイナンバー）」と「要配慮個人情報」です。次が「個人情報」となります。

　これらを仮名化したものが「仮名加工情報」であり、さらに加工を続けると「匿名加工情報」となります。

　生存する個人に関する情報であって、個人情報・仮名加工情報・匿名加工情報ではないものを「個人関連情報」といいます。

　以上は個人情報保護法の規制対象となっており、以上のいずれにも該当しないもの、たとえば統計情報は、個人情報保護法の規制の対象外です。

　個人情報保護法を守るべき義務があるのが個人情報取扱事業者（個人情報データベース等［20ページ参照］を事業の用に供している者）です。

　また、「特定個人情報（マイナンバー）」には、個人情報保護法に加えてマイナンバー法の適用もあります。

取扱いが厳しい「要配慮個人情報」

「要配慮個人情報」は次のように定義されています。

　本人の人種、信条、社会的身分、病歴、犯罪の経歴、犯罪により害を被った事実その他本人に対する不当な差別、偏見その他の不利益が生じないようにその取扱いに特に配慮を要するものとして政令で定める記述等が含まれる個人情報をいう。

　具体的には、次ページにあげたもので（法第2条第3項、政令第2条）、取扱いの注意点は2つです。

　まず、「あらかじめ本人の同意を得なければ取得してはならない」とされています。本人が同意しなければ、取得するだけでも違法になります。

　もう1点は、「本人の同意のない第三者提供の特例（オプトアウト規定）から除外」されていることです（「オプトアウト」は61ページ参照）。

　ただし、法令に基づく取得の場合（たとえば、労働安全衛生法に基づいて従業員の健康診断の結果を取得する場合）や、本人を目視・撮影することにより外形上明らかな要配慮個人情報を取得する場合（たとえば、防犯カメラに身体障害が映っている場合）などには、本人の同意なく取得することができます。

　また、一般的には、本人が自分の要配慮個人情報を提供しているのであれば、その時点で提供に同意があると考えてよいとされています。

要配慮個人情報とは

①人種

②信条

③社会的身分

④病歴

⑤犯罪の経歴

⑥犯罪により害を被った事実

⑦身体障害、知的障害、精神障害（発達障害を含む。）その他の個人情報保護委員会規則で定める心身の機能の障害があること

⑧本人に対して医師その他医療に関連する職務に従事する者（以下「医師等」という。）により行われた疾病の予防及び早期発見のための健康診断その他の検査（以下「健康診断等」という。）の結果

⑨健康診断等の結果に基づき、又は疾病、負傷その他の心身の変化を理由として、本人に対して医師等により心身の状態の改善のための指導又は診療若しくは調剤が行われたこと

⑩本人を被疑者又は被告人として、逮捕、捜索、差押え、勾留、公訴の提起その他の刑事事件に関する手続が行われたこと

⑪本人を少年法第3条第1項に規定する少年又はその疑いのある者として、調査、観護の措置、審判、保護処分その他の少年の保護事件に関する手続が行われたこと

保護すべき情報とは何を指す？

「個人情報」と「個人情報データベース等」と「個人データ」

　個人情報保護法を理解する上で、必要となる法律上の概念がいくつかあります。「個人情報」「個人情報データベース等」「個人データ」「保有個人データ」、これらがそれぞれ相互に関係しています。

　特定の個人を識別できる情報が「個人情報」です。たとえば、「甲野太郎　昭和50年1月1日生まれ」という情報です。

　この個人情報を検索できるように体系的に構成したものが「個人情報データベース等」と定義され、個人情報データベース等を構成しているひとつひとつのデータのことを「個人データ」と呼びます（「保有個人データ」は22ページで説明します）。

検索できるかどうかが大きなポイント

　たとえば、私（影島広泰）の氏名・会社名・会社の住所や電話番号が書かれた名刺があるとします。この名刺1枚だけが存在している状態での情報は「個人情報」に当たります。

　この名刺を受け取った方が会社に戻り、名刺入れに五十音順に入れたり、表計算ソフトに表形式で入力したりすると、これが「個人情報データベース等」になります。なんらかの方法で検索ができるように体系的に構成した電子データと、容易に検索できる紙の情報が、個人情報データベース等に該当するのです。名刺入れなどのアナログ的な保存方法も該当しますから、注意が必要です。そして、個人情報データベース等に入ってい

る個々の情報が「個人データ」になります。

関連知識

電話帳やカーナビの情報は例外

「利用方法からみて個人の権利利益を害するおそれが少ないもの」は個人情報データベース等から除くとされています（法第16条第1項）。具体的には「市販の電話帳、住宅地図」などがガイドラインに示され、カーナビの情報もこれに該当すると考えられます。これらは、「安全管理措置」「第三者提供」の規制の対象外となります。

取扱い要注意なのは「個人データ」

「個人情報」と「個人データ」では取扱い方が違ってきます。

　安全管理措置と第三者提供の規制の対象になるのは、「個人情報」ではなく「個人データ」のみです（23ページ参照）。取扱いに特に注意が必要なものが「個人データ」といえます（ただし、会社によっては、社内規程で「個人情報」も規制の対象としている場合がありますので注意が必要です。また2024年4月1日に改正がありましたので、この点も23ページ、55ページで解説します）。

「保有個人データ」は本人が開示や利用停止の請求を行える

　本人からの開示や利用停止等の請求の対象となる個人データのことを「保有個人データ」といいます（32ページ参照）。

「保有個人データ」に当たるもの、当たらないもの

　印刷会社のA社が、年賀状の宛名ラベルの印刷をB社から受注し、B社の顧客リストを預かったとします。A社は、自社の顧客情報であれば、その顧客本人から開示の請求を受けた場合、開示することができます。これに対して、A社がB社から預かっている顧客リストは、本人から請求をされても開示することはできません。開示ができるのはB社だけです。A社は単に預かっているだけです。

　つまり、A社がB社から預かっているデータは「保有個人データ」には当たりません。保有個人データとは、自分が開示や消去などをしてもいい権限を持っている個人データになります。

保護される個人情報を押さえておこう

　個人情報がいちばん大きい概念で、それをデータベース化したものを個人データと呼び、個人データの中でも開示や利用停止等の対象となるものが、保有個人データとなります。

　少しややこしい説明になりましたが、以上の概念をご理解いただくことで、何が個人情報保護法の対象になるのか、何が規

制されているのかがわかってくるでしょう。

「個人情報」と隣接用語の概念図

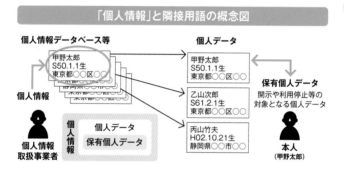

ダウン
ロード **zu 3**

個人情報保護法による規制の範囲

	保有個人データ	個人データ	個人情報
利用目的の特定・通知等	○	○	○
目的外利用の禁止	○	○	○
適正取得	○	○	○
安全管理措置	○	○	△ ※改正あり
第三者提供の制限	○	○	
事業者名などの公表	○		
本人からの開示請求など	○		

○:規制あり

防犯カメラがわかりやすい場所にある理由

　個人情報を取得する場合、利用目的の通知または公表が必要です。もっとも、取得の状況から見て利用目的が明らかな場合は、通知または公表は不要となるので、防犯カメラはどこにあるかわかりやすい場所に設置してあるのです。防犯目的だけでなく、個人情報保護法上からの意味もあります。

個人情報とプライバシーは異なる

　「個人情報って、つまりはプライバシーに関すること？」。そんな疑問を持つ方もいるでしょう。

　個人情報は法律上の概念ですが、プライバシーは正確にいうと裁判例の言葉、裁判例上の概念で簡単にいえば、「私生活の情報で、知られたくないもので、知られていないもの」です。

　会社の保有する情報を第三者に提供することが、個人情報保護法上は問題なくても、それを提供することがプライバシーを侵害しているかいないかは別の問題になってきます。

　働く皆さんは、個人情報とともにプライバシーにも気をつける必要があるのです。

> **COLUMN**
>
> ### 法律には違反していなくてもネットで炎上？
>
> タクシー会社が、車内の防犯カメラの映像を公開した事件が
> ありました。もちろん、ネットで炎上しました。個人情報保護
> 法の観点でいえば、防犯カメラの映像は「個人データ」ではな
> く「個人情報」なので、悪ふざけで公開すれば目的外利用にな
> りますが、第三者提供については違反にはなりません。しかし、
> 防犯カメラの映像を公にしたことは、プライバシー権を不当に
> 侵害するという不法行為になってしまう可能性もあります。

町内会やNPOも「個人情報取扱事業者」

個人情報データベース等を事業の用に供している者を「個人情
報取扱事業者」といい、「事業」は次のように定められています。

一定の目的をもって反復継続して遂行される同種の行為で
あって、かつ社会通念上事業と認められるものをいい、営利・
非営利の別は問わない。

ここでいう「事業」とは、営利・非営利は関係がありませ
ん。したがって、企業のほかにも、たとえば町内会やマンショ
ンの管理組合、同窓会、NPO法人なども含まれます。

個人情報を取得するときの注意点

利用目的を特定する

　個人情報を取り扱う際には、個人情報を何のために使うのか、その利用目的をできる限り特定しなければなりません（法第17条第1項）。

　この「できる限り」とは、次のような意味だとされています。

　利用目的を単に抽象的、一般的に特定するのではなく、個人情報が個人情報取扱事業者において、最終的にどのような事業の用に供され、どのような目的で個人情報が利用されるのかが、本人にとって一般的かつ合理的に想定できる程度に具体的に特定することが望ましい。

ガイドラインで明確化

　ただし、「できる限り」という言葉があいまいで、どれくらい特定したらいいのかが明確ではなかったため、2022年改正の際、この点がガイドラインで明確になりました。

　本人が、自らの個人情報がどのように取り扱われることとなるか、利用目的から合理的に予測・想定できないような場合は、この趣旨に沿ってできる限り利用目的を特定したことにはならない。

「プロファイリング」での注意点

たとえば、最近、さまざまな情報を分析して、個人の趣味・嗜好などを推測しているケースが増えています。このような情報処理のことを「プロファイリング」といいます。

プロファイリングをしているようなケースでは、何をインプットに使い、どう分析し、何をするのか、利用目的として特定する必要があります。

生成 AI に個人情報を入力して分析するようなケースでも、何をインプットして分析し、何に使うのかなどを特定しなければならないことに注意が必要です。

個人情報の利用目的を特定しないとダメ！

✖ 広告配信のために利用いたします。

◯ 取得した閲覧履歴や購買履歴等の情報を分析して、趣味・嗜好に応じた新商品・サービスに関する広告のために利用いたします。

✖ 取得した情報を第三者へ提供いたします。

◯ 取得した行動履歴等の情報を分析し、信用スコアを算出した上で、当該スコアを第三者へ提供いたします。

※ガイドラインより

利用目的を伝えて取得する（利用目的の通知等）

　次に、特定した利用目的を「本人に通知し、または公表」しなければいけません（通知または公表を合わせて「通知等」といいます）。

　あなたの会社のウェブサイトでも、トップページに「プライバシーポリシー」や「個人情報保護指針」へのリンクが張られていて、そこに利用目的が記載されていると思います。これにより利用目的の適法な「公表」をしているのです。

　ただし、例外として、本人から直接書面（電磁的記録を含む）に記載された当該本人の個人情報を取得する場合には、あらかじめ本人に対し、その利用目的を明示しなければなりません。

　たとえば、ショッピングモールで顧客から記名式アンケートを求める場合、顧客から直接アンケートを受け取る各店舗では、利用目的の「明示」が必要になります。アンケート用紙に利用目的が刷り込まれていることには理由があるのです。

対応を要する事項

利用目的の特定

（利用目的の特定）

第17条　個人情報取扱事業者は、個人情報を取り扱うに当たっては、その利用の目的（以下「利用目的」という。）をできる限り特定しなければならない。

利用目的の通知・公表

・本人に通知する or 公表する（同意は必要ない）

（取得に際しての利用目的の通知等）

第21条　個人情報取扱事業者は、個人情報を取得した場合は、あらかじめその利用目的を公表している場合を除き、速やかに、その利用目的を、本人に通知し、又は公表しなければならない。

・本人から、直接、書面等で取得する場合には「明示」が必要

（取得に際しての利用目的の通知等）

第21条 2　個人情報取扱事業者は、前項の規定にかかわらず、本人との間で契約を締結することに伴って契約書その他の書面（電磁的記録を含む。以下この項において同じ。）に記載された当該本人の個人情報を取得する場合その他本人から直接書面に記載された当該本人の個人情報を取得する場合は、あらかじめ、本人に対し、その利用目的を明示しなければならない。ただし、人の生命、身体又は財産の保護のために緊急に必要がある場合は、この限りでない。

利用目的の通知等が不要な場合もある

　利用目的の通知等の義務には例外があり、以下の場合には通知等をしなくてもよいことになっています（法第21条第４項）。

①利用目的を本人に通知し、又は公表することにより本人又は第三者の生命、身体、財産その他の権利利益を害するおそれがある場合
②利用目的を本人に通知し、又は公表することにより当該個人情報取扱事業者の権利又は正当な利益を害するおそれがある場合
③国の機関又は地方公共団体が法令の定める事務を遂行することに対して協力する必要がある場合であって、利用目的を本人に通知し、又は公表することにより当該事務の遂行に支障を及ぼすおそれがあるとき。
④取得の状況からみて利用目的が明らかであると認められる場合

「利用目的が明らか」なときは通知しなくてよい

　たとえば、暴力団等の反社会的勢力情報や意図的に業務妨害行為を行う悪質者情報などを入手した際に、利用目的を本人に通知等すると、その会社の「権利又は正当な利益を害するおそれ」がありますので、通知等する必要はありません（上記②）。

また、名刺交換した際に、名刺の情報を連絡のために使うのであれば、「取得の状況からみて利用目的が明らか」であるため、利用目的の通知等の必要はありません（上記④）。

関連知識

物故者の情報は個人情報ではないけれど……

　先に述べたように、亡くなった人の情報は個人情報ではありません。ただし、死者の情報が、遺族のプライバシーや個人情報となるケースがありますから注意が必要です。

　たとえば、死者の相続財産に関する情報が、同時に相続人に関する情報でもあるケースなどです。プライバシーの問題も含めて慎重な取扱いが求められます。実際、亡くなった人の情報も個人情報として管理している会社も多く見られます。

保有個人データの公表・開示での注意点

プライバシーポリシーに記載すべきこと

個人情報保護法では、本人が、個人情報（保有個人データ）に関与することが認められています。

具体的には、まず、保有個人データに関する以下の①から⑥を本人の知り得る状態に置かなければなりません。これは、本人から質問があった場合に遅滞なく回答することでもよいとされています。

①当該個人情報取扱事業者の氏名又は名称及び住所並びに法人にあっては、その代表者の氏名

②全ての保有個人データの利用目的（30ページの①から③に該当する場合を除く。）

③保有個人データの利用目的の通知の求め又は開示等の請求に応じる手続（手数料の額を定めたときは、その手数料の額を含む。）

④保有個人データの安全管理のために講じた措置

⑤保有個人データの取扱いに関する苦情の申出先

⑥当該個人情報取扱事業者が認定個人情報保護団体の対象事業者である場合にあっては、当該認定個人情報保護団体の名称及び苦情の解決の申出先

2022年の改正で①④の赤字部分（下線部）が追加されたため（法第32条、施行令第10条）、④に従って会社における安全管理措置、情報管理体制を本人に周知・公表する必要があります。

そして重要な点は、ガイドラインに保有個人データに関する公表事項として「(外的環境の把握)個人データを保管しているＡ国における個人情報の保護に関する制度を把握した上で安全管理措置を実施」が追加されたことです。

　外国にデータを保管している場合は、その国名を特定して本人に周知・公表しなければいけません。これには委託も含まれます。たとえば、アメリカのクラウドサービスを利用している場合は「アメリカ合衆国」と公表します。

　また、個人情報取扱事業者は本人から保有個人データの利用目的の通知を求められたとき、「遅滞なく通知しなければならない」とされています。

本人からの問い合わせへの対応

　本人から保有個人データに関する請求があったとき、こたえる義務があるものは以下の３つです。

①開示：どんな保有個人データを持っているか聞かれた場合は開示しなければいけません。
②訂正等：保有個人データが間違っていると指摘があった場合は訂正・追加・削除の請求に応じなければいけません。
③利用停止等：本人は個人情報の利用の停止・消去、第三者提供の停止などを請求できます。

個人の権利の強化

　2022年の改正では、個人の権利の強化が図られています。従来、6ヶ月以内に消去する個人データは、開示・訂正・利用停止等の対象となる保有個人データではないとされていましたが、この条文が廃止されました。したがって、プレゼントキャンペーンなど、当選した人に商品を発送したら情報を破棄するような一瞬だけ持つ短期保有データもその対象になります。

　また、開示請求のときに、本人が次のいずれかの方法を指定できるように改正されました。

①電磁的記録の提供による方法
②書面の交付による方法
③その他当該個人情報取扱事業者の定める方法

　具体的には、①はデータ、②は紙、③はたとえばダウンロードを想定しています。①〜③を本人が指定することができますが、①を希望する人が多いであろうことから開示のデジタル化といわれています。

　なお、本人が開示請求などをした際に、個人情報取扱事業者がこれを拒んだ場合、裁判所に訴訟を提起して開示を請求することができます。

　「開示」の義務には例外があり、開示の義務がない場合が3つ定められています。

①誰かの生命・身体・財産、その他の権利利益を害する
　おそれがある場合
②会社の業務の適正な実施に著しい支障を及ぼすおそれ
　がある場合
③法令に違反する場合

　したがって、「私は万引犯のブラックリストに載っているの
か教えてほしい」とか、「反社会的勢力のリストに載っている
かどうか教えてほしい」などといわれた場合、通常は①か②に
該当するので、開示する義務はありません。

利用停止等に関する改正

　2022年の改正前は、第29条において内容が事実でないとき
には訂正、追加、削除（訂正等）の請求が認められていました。また、第30条では個人情報保護法に違反しているときは
利用停止・消去、第三者への提供の停止が認められていました。逆にいえば、たとえばお客様が「あなたの会社のサービス
はもう退会したので私のデータを消してほしい」と要求して
も、それに応じる義務はありませんでした。つまり、本人には
削除請求権が存在しなかったのですが、2022年の改正ではそ
れが認められました。

利用停止・消去、第三者への提供の停止の改正点

	利用停止・消去	第三者への提供の停止
18条違反（目的外利用）	○	
19条違反（不適正利用）	○	
20条違反（不適正取得）	○	
27条1項違反（同意なしの第三者提供）		○
28条違反（同意なしの外国第三者提供）		○
利用する必要がなくなった場合	○	○
26条の漏えい等が発生した場合	○	○
その他本人の権利又は正当な利益が害されるおそれがある場合	○	○

※赤字部分が2022年の改正で追加された

　重要なのが、「利用する必要がなくなった場合」「26条の漏えい等が発生した場合」「その他本人の権利又は正当な利益が害されるおそれがある場合」は、利用停止・消去の請求をできることです。これにより、「もう退会したので私のデータを消してほしい」という請求が可能になりました。

　また、「正当な利益」かどうかは、「個人情報取扱事業者に本人の権利利益の保護の必要性を上回る特別な事情がない限りは、個人情報取扱事業者は請求に応じる必要がある」となっています。したがって、本人が消してほしいという保護の必要性を上回る特別の事情が会社側にない限り、データを消去等しなければいけません。つまり、原則応じる必要があります。2022年の改正は、本人の権利を保護する方向での改正といえます。

個人情報を利用するときの注意点

利用目的の範囲内でしか利用できない

　前述した通り、個人情報を取得する際には、利用目的をできる限り特定して、それを本人に伝えなければなりません。

　その上で、取得した個人情報を利用する際には、その利用目的の範囲でのみ使いなさい、という規制があります。

関連知識

どこまでが利用範囲？

　会社がお客様から配送先として利用する目的で情報を得たとき、その住所にダイレクトメールを送るのは目的外利用となります。したがって、利用目的の変更をせずに、ダイレクトメールを送ることはできません。

　配送目的で取得した個人情報を利用目的の変更なしにマーケティング目的で利用すると、個人情報保護法に違反するのです。

目的外でも利用できる例外もある

　このように、個人情報は原則として目的外で利用してはいけないのですが、以下の場合には、例外的に、目的外で利用してよいことになっています（法第18条第3項）。

①法令に基づく場合

例）税務署の所得税等に関する調査に対応する場合

②人の生命、身体又は財産の保護のために必要がある場合で
あって、本人の同意を得ることが困難であるとき。

例）急病その他の事態が生じたときに、本人について、その血液型や
家族の連絡先等を医師や看護師に提供する場合

例）大規模災害や事故等の緊急時に、被災者情報・負傷者情報等を家
族、行政機関、地方自治体等に提供する場合

例）事業者間において、暴力団等の反社会的勢力情報、振り込め詐欺
に利用された口座に関する情報、意図的に業務妨害を行う者の情
報について共有する場合

例）商品に重大な欠陥があり人の生命、身体又は財産の保護が必要と
なるような緊急時に、製造事業者から顧客情報の提供を求めら
れ、これに応じる必要がある場合

③公衆衛生の向上又は児童の健全な育成の推進のために特に必要
がある場合であって、本人の同意を得ることが困難であるとき。

④国の機関若しくは地方公共団体又はその委託を受けた者が法
令の定める事務を遂行することに対して協力する必要がある
場合であって、本人の同意を得ることにより当該事務の遂行
に支障を及ぼすおそれがあるとき。

⑤学術研究機関等が学術研究目的で取り扱う必要があるとき
（目的の一部が学術研究目的である場合を含み、個人の権利
利益を不当に侵害するおそれがある場合を除く）。

⑥学術研究機関等に個人データを提供する場合であって、当該学
術研究機関等が当該個人データを学術研究目的で取り扱う必要
があるとき（目的の一部が学術研究目的である場合を含み、個

人の権利利益を不当に侵害するおそれがある場合を除く)。

　たとえば、従業員が急病になったときに、血液型や家族の連絡先等を医師に提供する場合や、商品に生命・身体に危害を及ぼす欠陥があり、リコールするような場合（上記②）などには、利用目的として特定していなくても、個人情報を利用できます。

関連知識

個人情報を利用できるかどうか迷いがちなケース

　以下のような目的で個人情報を利用することは問題ありません。
・店内放送で名前を呼ぶ（たとえば迷子）
　このケースは、「人の生命、身体又は財産の保護のために必要がある場合であって、本人の同意を得ることが困難であるとき」に該当するので、同意がなくても可能です。
・銀行の受付で名前を呼ぶ
　手続き書類や預金通帳などを窓口に提出した際に、本人の同意が得られていると考えられるので可能です。

利用目的を変更するには

　利用目的を変更するためには、原則として、あらかじめ本人の同意が必要です。

　利用目的をあとから勝手に変更できてしまうと、はじめに利用目的を特定して通知等（あるいは明示）をする意味がなくなってしまうからです。

　それでは、通知等した利用目的と少しでも違う目的で利用するときには、すべて本人の同意が必要なのでしょうか。

　そうではありません。例外的に、変更前の利用目的と「関連性」を有すると合理的に認められる範囲であれば、本人の同意なく利用目的を変更できます。関連性を有する範囲内で利用目的を変更した場合には、本人の同意は不要で、変更された利用目的を本人に通知か公表すれば足ります。

関連性があると認められるのはどんなとき？

　たとえば、当初の利用目的が「当社が提供する新商品・サービスに関する情報のお知らせ」となっているときに、「既存の関連商品・サービスに関する情報のお知らせ」を追加する場合には関連性があります。

　これに対し、当初の利用目的に「第三者提供」が含まれていない場合に、新たに、オプトアウトによる個人データの第三者提供を行う場合や、当初の利用目的を「会員カード等の盗難・不正利用発覚時の連絡のため」としてメールアドレス等を取得していた場合において、新たに「当社が提供する商品・サービスに関する情報のお知らせ」を行う場合には、関連性がない（つまり、本人の同意がなければ、利用目的を変更できない）とされています。

　2022年の改正で、個人情報の「不適正な利用」が禁止されました（法第19条）。これまでは利用目的をできる限り特定し、本人に通知等することで個人情報を利用することができましたが「違法又は不当な行為を助長し、又は誘発するおそれがある方法により個人情報を利用してはならない」という規制も追加されたため、利用方法の中身が問われることになります。

　たとえば、「採用選考を通じて個人情報を取得した事業者が、性別、国籍等の特定の属性のみにより、正当な理由なく本人に対する違法な差別的取扱いを行うために、個人情報を利用すること」は違法になります。

関連知識

統計情報は規制の対象外

　個人情報保護法が規制の対象にしているのは、「生存する個人に関する情報」です。したがって、特定の個人との対応関係が排斥されている情報（典型的には統計情報）は、個人情報保護法の保護の対象外となります。AIの機械学習における学習済みパラメータも同様に、特定の個人との対応関係が排斥されていれば個人情報保護法の規制を受けません。

5

個人情報を利用するときの注意点

関連知識

「30歳代の会員が60%」は統計情報

「わが社のポイントカード会員の60%は30歳代」という情報は、個人との対応関係が排斥されている情報であって、「個人に関する情報」ではありませんから、個人情報保護法の保護の対象ではありません。自由に取り扱って問題ありません。

個人関連情報の取得と提供

「個人関連情報」が新設された

いまでは Cookie 等により保存・取得される識別子を通じて、インターネット上でさまざまな情報が集積されています。2022年の改正では、このような情報の取扱いについて「個人関連情報」という概念を新設して規制することになりました。

個人関連情報は、「生存する個人に関する情報であって、個人情報、仮名加工情報及び匿名加工情報（17ページ参照）のいずれにも該当しないもの」とされています。

「個人関連情報」が新設された背景

ウェブサイトを閲覧していると、その閲覧履歴がサーバに蓄積されていきます。また、買い物をすれば買い物のデータが記録されます。これらを分析すると、その人の趣味や嗜好が浮かび上がってきますので、その人にお勧めの商品をバナー広告として掲示できます。スマートフォンの位置情報を蓄積すれば、自宅や職場はどこか、どのレストランが好きか、休日は電車で出かけるのか自転車に乗っているのかなどの分析も可能です。

こうした技術の進歩が加速化されたことに伴い、閲覧履歴や行動履歴などをどのように利活用するかを事前に説明すること、インフォームド・コンセント（説明と同意）の強化が2022年の改正の大きなポイントとなりました。そして、ビジネスに個人データを利用することと個人のプライバシーとのバランスを取るため、「個人関連情報」という概念が新設された

のです。

活用されるDMPサービスへの対応が必要

　インターネット上に集積されるさまざまな情報を管理するため、DMP（データマネジメントプラットフォーム）というサービスが活用されています。ある人物がA社のサイトAとB社のサイトBを閲覧したとします。このとき、サイトAがパブリックDMPと呼ばれるベンダーのD社と契約を締結していると、その人のCookieに保存されているD社のIDがD社のサーバーへ送られて保存されます。サイトBも同じくD社と契約していると、同様にD社のIDがD社へ送られます。

　つまり、D社のデータベースには、サイトA、サイトB……という履歴が全部残ります。そしてこの履歴を分析すると、たとえば「40代の男性で車が好き」というこの人の属性が浮かび上がってきます。

　ただし、D社のデータベースは個人情報ではありません。なぜなら、このIDのブラウザがどのサイトを見たのかだけの情報で、特定の個人を識別できないからです。ところが、このデータベースをB社が購入し、B社のサイトが会員制サイトであれば、自社の会員IDとD社のIDをひも付けすることで、それが会員の誰であるかの特定が可能になります。

　次ページの図のようにB社は、甲野太郎さんという会員は、40代男性で車好きという属性を得ることができ、情報内容がリッチになり、マーケティングの精度が上がっていきます。このように閲覧履歴を分析し、属性を推定できる情報を購入し、

自社の個人情報と突合してデータをリッチにし、マーケティング精度を上げられることが DMP 導入のメリットとなります。

DMPサービスによる閲覧履歴の分析結果の第三者提供

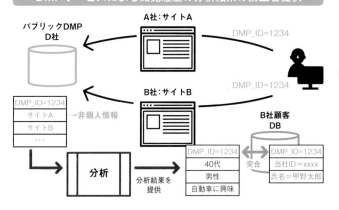

個人関連情報を第三者提供する場合

　このとき、データを提供している D 社にとってその情報は個人情報ではありません。しかし、受け取った B 社は個人データとして使用しています。2022年の改正前は、D 社は個人データを提供していないので、本人の同意は必要ではないという考え方がありました。

　しかし、2022年の改正で、個人情報等ではないけれど、生存する個人に関する情報（たとえば「40代男性で車好き」と

いう情報）を提供して、提供先が個人データとして使うのであれば同意が必要になりました。同意を取得する義務を負うのは提供を受ける側で、提供側は受領者が同意を得ているかを確認する義務があります。

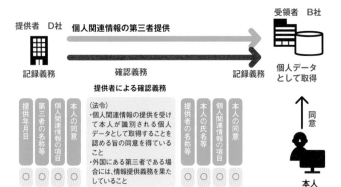

個人関連情報の第三者への提供

受領者　B社

提供者　D社

個人関連情報の第三者提供

記録義務　　　　　　　確認義務　　　　　　記録義務

個人データとして取得

提供者による確認義務

提供年月日	第三者の名称等	個人関連情報の項目	本人の同意
○	○	○	○

（法令）
・個人関連情報の提供を受け本人が識別される個人データとして取得することを認める旨の同意を得ていること
・外国にある第三者である場合には、情報提供義務を果たしていること

提供者の名称等	本人の氏名等	個人関連情報の項目	本人の同意
○	○	○	○

同意

本人

個人データを保存・管理する ときの注意点

個人データの管理には4つの義務がある

個人情報取扱事業者は個人データの保管・管理（情報管理）に関して、次の4点の義務を負っています。

①個人データの安全管理措置
②従業者に対する監督
③委託先に対する監督
④データの内容の正確性の確保と消去の努力義務

以下、順に解説していきます。

安全管理措置の概要

ガイドラインでは安全管理措置として、48ページの図①から⑦の措置を定めています。

安全管理措置の対象は「個人データ」ですが、2024年4月1日に「個人情報取扱事業者が取得し、又は取得しようとしている個人情報であって、当該個人情報取扱事業者が個人データとして取り扱うことを予定しているもの」も安全管理措置の対象となりましたので、注意が必要です（55ページのウェブスキミングの説明をご覧ください）。

ダウンロード zu 4

個人情報保護委員会「個人情報の保護に関する法律についてのガイドライン（通則編）」

①基本方針の策定 ②個人データの取扱いに係る規律の整備
③組織的安全管理措置 ④人的安全管理措置
⑤物理的安全管理措置 ⑥技術的安全管理措置 ⑦外的環境の把握

勧告 → 命令 → 刑罰
1年以下の懲役または
100万円以下の罰金

　これらの措置をはじめとする個人情報保護法に違反した場合、個人情報保護委員会からの「勧告」の対象になります。この勧告に係る措置をとらないと、委員会が「命令」を発することがあります。そして、この「命令」に違反すると、1年以下の懲役または100万円以下の罰金に処せられます。また、会社は1億円以下の罰金です。

　なお、ガイドラインでは安全管理措置について、「中小規模事業者」（従業員100人以下等の要件を満たす事業者）に対しては軽減された「例示」がなされています。

POINT

個人情報保護委員会とガイドライン

　2015年の個人情報保護法の改正で「個人情報保護委員会」が設置されました。個人情報保護委員会には、「立入検査」の

権限があります。

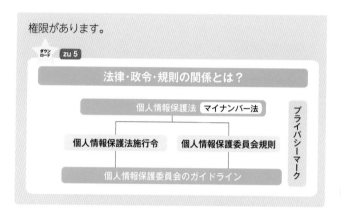

ダウンロード zu 5

法律・政令・規則の関係とは？

個人情報保護法 マイナンバー法

個人情報保護法施行令　　個人情報保護委員会規則

個人情報保護委員会のガイドライン

プライバシーマーク

ガイドライン①から⑦の措置をそれぞれ説明していきます。

①基本方針の策定

ガイドラインでは、「個人データの適正な取扱いの確保について組織として取り組むために、基本方針を策定することが重要である」とされています。「重要である」というのは、義務ではないが重要だ、という意味です。

この「基本方針」とは、一般的には「プライバシーポリシー」や「個人情報保護方針」などと呼ばれて、ホームページなどで公開されているものです（公表は義務ではありません）。

基本方針に何を定めるのかは、ガイドラインに例示されています。多くの会社はこれにのっとって以下を定めているのです。

・事業者の名称
・関係法令・ガイドライン等の遵守
・安全管理措置に関する事項
・質問及び苦情処理の窓口

②個人データの取扱いに係る規律の整備

　ガイドラインでは、「個人情報取扱事業者は、その取り扱う個人データの漏えい等の防止その他の個人データの安全管理のために、個人データの具体的な取扱いに係る規律を整備しなければならない」とされています。会社としては「個人情報取扱規程」などのような社内規程を策定することになります。

　中小規模事業者（従業員100人以下等の要件を満たす事業者）は、「個人データの取得、利用、保存等を行う場合の基本的な取扱方法を整備する」ことが例示されているので、たとえば「取得時には利用目的を伝える」「利用目的の範囲内で使う」などの基本的なルールを決めておけば十分です。

③組織的安全管理措置

「組織的安全管理措置」として、ガイドラインでは次の内容の義務が示されています。

講じなければならない措置	内容
①組織体制の整備	安全管理措置を講ずるための組織体制を整備しなければならない
②個人データの取扱いに係る規律に従った運用	あらかじめ整備された個人データの取扱いに係る規律に従って個人データを取り扱わなければならない。 なお、整備された個人データの取扱いに係る規律に従った運用の状況を確認するため、利用状況等を記録することも重要である
③個人データの取扱状況を確認する手段の整備	個人データの取扱状況を確認するための手段を整備しなければならない
④漏えい等事案に対応する体制の整備	漏えい等事案の発生又は兆候を把握した場合に適切かつ迅速に対応するための体制を整備しなければならない。 なお、漏えい等事案が発生した場合、二次被害の防止、類似事案の発生防止等の観点から、事案に応じて、事実関係及び再発防止策等を早急に公表することが重要である
⑤取扱状況の把握及び安全管理措置の見直し	個人データの取扱状況を把握し、安全管理措置の評価、見直し及び改善に取り組まなければならない

④人的安全管理措置

　個人データの取扱いについて、会社は従業者などに周知徹底するとともに、教育しなければなりません。

　ここでいう「従業者」とは、雇用関係のある従業員（正社員、契約社員、嘱託社員、パート社員、アルバイト社員等）のみならず、取締役、執行役、理事、監査役、監事、派遣社員等も含まれます。働くすべての人に、個人データの正しい取扱い方法の理解が求められているということです。

⑤物理的安全管理措置

「物理的安全管理措置」として、ガイドラインでは下記に掲載した内容の義務が示されています。

講じなければ ならない措置	内容
①個人データを取り扱う 区域の管理	個人情報データベース等を取り扱うサーバやメインコンピュータ等の重要な情報システムを管理する区域（以下「管理区域」という）及びその他の個人データを取り扱う事務を実施する区域（以下「取扱区域」という）について、それぞれ適切な管理を行わなければならない
②機器及び電子媒体等 の盗難等の防止	個人データを取り扱う機器、電子媒体及び書類等の盗難又は紛失等を防止するために、適切な管理を行わなければならない
③電子媒体等を持ち運ぶ 場合の漏えい等の防止	個人データが記録された電子媒体又は書類等を持ち運ぶ場合、容易に個人データが判明しないよう、安全な方策を講じなければならない。 なお、「持ち運ぶ」とは、個人データを管理区域又は取扱区域から外へ移動させること又は当該区域の外から当該区域へ移動させることをいい、事業所内の移動等であっても、個人データの紛失・盗難等に留意する必要がある
④個人データの削除及び 機器、電子媒体等の廃棄	個人データを削除し又は個人データが記録された機器、電子媒体等を廃棄する場合は、復元不可能な手段で行わなければならない。 また、個人データを削除した場合、又は、個人データが記録された機器、電子媒体等を廃棄した場合には、削除又は廃棄した記録を保存することや、それらの作業を委託する場合には、委託先が確実に削除又は廃棄したことについて証明書等により確認することも重要である

「技術的安全管理措置」として、ガイドラインでは次の内容の
義務が示されています。

講じなければ ならない措置	内容
①アクセス制御	担当者及び取り扱う個人情報データベース等の範囲を限定するために、適切なアクセス制御を行わなければならない
②アクセス者の識別と認証	個人データを取り扱う情報システムを使用する従業者が正当なアクセス権を有する者であることを、識別した結果に基づき認証しなければならない
③外部からの不正アクセス等の防止	個人データを取り扱う情報システムを外部からの不正アクセス又は不正ソフトウェアから保護する仕組みを導入し、適切に運用しなければならない
④情報システムの使用に伴う漏えい等の防止	情報システムの使用に伴う個人データの漏えい等を防止するための措置を講じ、適切に運用しなければならない

⑦外的環境の把握

2022年の改正で、安全管理措置に⑦の「外的環境の把握」
が追加されました。これに関してガイドラインでは以下のよう
に示されています。

「個人情報取扱事業者が、外国において個人データを取り扱う

場合、当該外国の個人情報の保護に関する制度等を把握した上で、個人データの安全管理のために必要かつ適切な措置を講じなければならない」

　この改正により個人データの海外への移転の規制が強化されました。詳しくは67ページからの第9節で解説します。

COLUMN

私物のスマートフォンを仕事で使うとき

　スマートフォンの普及が進み、従業員が私物のスマートフォンを仕事に使っているケースも多いでしょう。この場合、会社にはそのスマートフォンを管理する義務が生じます。

　仕事に関する情報が入っているスマートフォンを持ち歩いていることは、「個人情報データベース等」（20ページ参照）を持ち運んでいることになるので、次ページの表③の「電子媒体等を持ち運ぶ場合の漏えい等の防止」の規制の対象になると考えられます。したがって、起動時にパスワードをかけて保護する等の対策が必要になるでしょう。

　以前は個人データが漏えいした場合、個人情報保護委員会に報告することは努力義務とされていました。しかし、2022年の改正で義務化されました（法第26条）。

　次の①から④のどれかに該当する場合、たとえば④1000人分を超える漏えいが発生した場合は、必ず委員会に報告しなければいけません。かつ、本人への通知も必要です。

①要配慮個人情報の漏えい等またはそのおそれ
②経済的な損失を伴うこととなるおそれのあるようなデータの漏えい等またはそのおそれ
③不正の目的をもって行われたおそれがある当該個人情報取扱事業者に対する行為による個人データ（当該個人情報取扱事業者が取得し、又は取得しようとしている個人情報であって、個人データとして取り扱われることが予定されているものを含む）の漏えい等またはそのおそれ
④1000人分を超える漏えい等またはそのおそれ

　2024年4月1日の施行規則改正で③の下線部が追加されました。これは、ウェブスキミングのようなケースで報告・通知を義務づけるための改正です。

　ウェブスキミングとは、たとえばインターネットショッピングのサイトのプログラムが書き換えられ、注文フォームに入力

した氏名・住所・クレジットカード番号が、決済サービスの会社に送信されるだけではなく、ハッカーのサーバにも送信されるようになってしまっているようなケースです。

　私たちは通常どおり決済できていて漏えいに気づくこともできませんが、「送信」ボタンを押した瞬間、氏名・住所・クレジットカード番号がハッカーのサーバにも送信されてしまうのです。このとき送信される情報は、サイトを運営している事業者のサーバから漏えいしたのではなく、私たちのスマートフォンや PC のブラウザで私たちが入力した情報が送信されてしまっています。

　このようなケースでも、事業者に報告・通知の義務を課すため、「取得しようとしている個人情報」についても漏えい等の報告の対象としたのです。

外部に委託する場合は本人の同意は不要

　個人データの取扱いは、外部に委託することができます。

　たとえば、お客様から配送先の氏名と住所をもらい、その配送を自社では行わず、配送業者に依頼するとします。あるいは、年賀状の宛名印刷を外部の印刷業者に依頼する。いずれの場合も「委託」に当たります。

　委託に伴う個人データの提供であれば本人の同意は不要ですが、委託する以上は、委託先に対する「必要かつ適切な監督」を行う義務があるとされています（法第25条）。

努力義務～データの内容の正確性の確保等

個人情報取扱事業者には、「個人データを正確かつ最新の内容に保つよう努めなければならない」と努力義務が定められています。

さらに、利用する必要がなくなったときには、消去の努力義務も定められています（法第22条）。

罰則の強化

不正な利益を図る目的で個人情報データベース等を提供したり盗用したとき、たとえば従業員が名簿を盗んだようなケースの罰則が強化されました。行為者は1年以下の懲役又は50万円以下の罰金刑。法人の罰則は今まで50万円以下だったのが、1億円以下に引き上げられました。これは2020年12月12日に施行済みです。

具体的には、転職した従業員の携帯電話に保存されている取引先の電話番号や連絡先も、その情報が会社に帰属するものであれば、この罰則の対象となります。

退職した従業員がこのような情報を不正な利益を図る目的で盗用した場合、本人はもちろん懲役または罰金ですが、会社としては被害者と思っていても1億円以下の罰金刑となります。それを防ぐための従業員教育も重要になるでしょう。

違反したときにはこんな罰則が！

行為	罰則
委員会から命令を受けた者が、委員会の命令に違反したとき	行為者：6月以下の懲役又は30万円以下の罰金（83条） →1年以下の懲役又は100万円以下の罰金（178条） 法人：30万円以下の罰金（87条） →1億円以下の罰金（184条）
個人情報取扱事業者若しくはその従業者又はこれらであった者が、その業務に関して取り扱った個人情報データベース等（その全部又は一部を複製し、又は加工したものを含む。）を、自己若しくは第三者の不正な利益を図る目的で提供し、又は盗用したとき	行為者：1年以下の懲役又は50万円以下の罰金（84条→179条） 法人：50万円以下の罰金（87条） →1億円以下の罰金（184条）
委員会に対する、報告若しくは資料の不提出、虚偽の報告、虚偽の資料提出、質問に対する答弁拒否、検査拒否・妨害・忌避をしたとき	行為者：30万円以下の罰金（85条） →50万円以下の罰金（182条） 法人：行為者と同じ（184条）

COLUMN

名刺情報を転職先に提供して逮捕された事件

　2023年に、ある会社の従業員が、会社の名刺管理システムのID・パスワードを転職先の会社に伝えたという事件が発生しました。これは、名刺の情報という個人情報（13ページ）を体系的に構成した個人情報データベース等（20ページ）を「不正な利益を図る目的で提供し、又は盗用した」ことになります。この従業員は逮捕され、刑事罰を受けています。これが改正後初めての刑事事件となりました。

個人データの第三者提供での注意点

第三者提供には「本人の同意」が必要

　個人情報保護法では、個人データを第三者に提供する際には「あらかじめ本人の同意」を要するとされています（第三者に提供してはいけないのは「個人データ」です。「個人情報」には、第三者への提供に関して制限はありません）。

本人の同意を得る方法

　本人の同意の取得方法については、個人情報保護法には規制がなく、ガイドラインでは以下のような方法が示されています。

①本人からの同意する旨の書面の受領
②本人からの同意する旨のメールの受信
③本人による同意する旨の確認欄へのチェック
④本人による同意する旨のホームページ上のボタンのクリック

　なお、同意を得る際に、提供先を個別に明示する必要はありません。

個人データに該当するかどうかは、提供元が判断する

　ガイドラインによれば、個人データかどうかは、当該情報の提供元である事業者において判断するとされています。

　したがって、たとえば、氏名を黒塗りにして提供先では個人が特定できなくても、提供元では黒塗り前のデータを使えば個人を特定できるので個人データに当たり、第三者提供には原則として本人の同意が必要となりますから注意が必要です。

本人の同意が不要なケース

　ただし、以下の場合には、本人の同意は不要とされています。

本人の同意なしに第三者提供できる場合

1. 以下に当たる場合

①法令に基づく場合

②人の生命、身体又は財産の保護のために必要がある場合であって、本人の同意を得ることが困難なとき

③公衆衛生の向上又は児童の健全な育成の推進のために特に必要がある場合であって、本人の同意を得ることが困難なとき

④国の機関などが法令の定める事務を遂行することに対して協力する必要がある場合であって、本人の同意を得ることにより当該事務の遂行に支障を及ぼすおそれがあるとき

⑤学術研究機関等において、当該個人データの提供が学術研究の成果の公表又は教授のためやむを得ないとき（個人の権利利益を不当に侵害するおそれがある場合を除く）

⑥学術研究機関等において、当該個人データを学術研究目的で提供する必要があるとき（目的の一部が学術研究目的である場合を含み、個人の権利利益を不当に侵害するおそれがある場合を除く）（提供先と共同して学術研究を行う場合に限る）

⑦提供先の第三者が学術研究機関等である場合であって、当該第三者

が当該個人データを学術研究目的で取り扱う必要があるとき（目的の一部が学術研究目的である場合を含み、個人の権利利益を不当に侵害するおそれがある場合を除く）

2.「オプトアウト」の方法を用いるとき

3. 個人データの取扱いを「委託」するとき

4. 企業が合併するなど事業の承継に伴って提供されるとき

5.「共同利用」するとき

[CASE 1] オプトアウトによる第三者提供

オプト（opt）とは「選ぶ、選択する」というような意味で、オプトアウトは、「やめると選択する」ということです。

このオプトアウトによる第三者提供とは、「イヤだという人がいたら、その人の個人データの提供はやめることができるようにしておけば、本人の同意なく個人データを第三者提供できます」という仕組みです。

オプトアウトによる第三者提供を行うためには、いくつか要件があります。まず、「本人の求めに応じて当該本人が識別される個人データの第三者への提供を停止することとしている」ことが必要です。次に、一定の事項を「あらかじめ、本人に通知し、又は本人が容易に知り得る状態に置く」必要があります。

オプトアウトによる第三者提供を行う際には、個人情報保護委員会への届出が必要です。個人情報保護委員会は届出事項をインターネット等で公表します。

　さらに、個人情報取扱事業者も委員会による公表がなされた後、速やかに届出の内容を自らも公表するものとされています。

　一般的には、名簿業者などが届出をしてオプトアウトによる第三者提供をしています。2022年の改正で、オプトアウトによる第三者提供を受けた個人データをさらにオプトアウトにより第三者提供することは禁止されました。名簿が転々と流通することを防止しようとする改正です。

[CASE2]第三者に当たらないケース（委託、事業承継、共同利用）

　このケースには以下の3つが定められています。

①委託に伴う提供

　56ページで述べたように、個人データの取扱いを委託する場合、委託先は第三者に該当しないので本人の同意は不要です。

②合併その他の事由による事業の承継に伴う提供

　会社の合併その他の事由による事業の承継に伴って個人データが提供される場合も、提供先は第三者に該当せず、本人の同意は不要です。ただし、事業の承継後も当該事業の承継により提供される前の利用目的の範囲内でしか利用できません。

③共同利用

　グループ企業のように、一定の範囲の中で個人データを共同利用する場合がこれに当たります。一定の要件を満たせば、他の会社との間で「共同利用」することができ、この場合には第三者提供には当たらないため、本人の同意は不要です。

　共同利用する場合、次の5つの情報を、あらかじめ本人に通知するか、または本人が容易に知り得るようにホームページ等

にわかりやすく掲載しておくことが必要となります。

a）共同利用する旨
b）共同して利用される個人データの項目
c）共同して利用する者の範囲
d）利用する者の利用目的
e）当該個人データの管理について責任を有する者の氏名または名称、住所並びに法人の代表者の氏名

名簿業者対策がきっかけで確認・記録義務ができた

　名簿業者はオプトアウトによる第三者提供を行っており、名簿の売買自体は法律に違反した行為ではありません。しかし、名簿がいつ誰に販売されたかがトレース（追跡）できないことには、その名簿が不正に取得・提供されたかもしれない場合であっても、委員会が立入検査をしても真偽がわかりません。そこで、第三者提供の際の確認・記録義務の規定があります。

　また、2022年の改正では個人の権利の強化のため、第三者提供に関して本人による開示請求が可能になりました。

情報の流出過程が追跡可能に

　まず、提供する側の義務として以下の項目の「記録」を作成し、原則として3年間保存しなければなりません。

提供する側の記録事項					
	提供年月日	第三者の氏名等	本人の氏名等	個人データの項目	本人の同意
①オプトアウトによる第三者提供	○	○	○	○	
②本人の同意に基づく第三者提供		○	○	○	○

記録義務の対象とならないケースもある

　個人データを提供する側の記録義務に関して、その対象とならない場合があります。ガイドラインでは以下のように列挙されています。

・「本人による提供」である場合
　SNS上で、投稿者のプロフィールや投稿内容等を取得する場合です。
・「本人に代わって提供」している場合
　たとえば、故障したパソコンの修理を量販店に頼み、その量販店が製造メーカーに故障品とともに所有者のデータを渡す場合です。量販店は本人に代わって個人データを提供することになり、記録の義務を負いません。
・本人と一体と評価できる関係にある者に提供する場合
　金融機関の営業員が、家族とともに来店した顧客に対して、金融商品の損益状況等を説明する場合です。本人だけでなく家

族に個人データを説明しても記録義務はありません。

・提供者が、最終的に本人に提供することを意図した上で、受領者を介在して第三者提供を行う場合

　法人が個人に振込をするとき、氏名や口座番号などの個人データを銀行に伝える場合が、これに該当します。

・「提供」行為に当たらないと解釈できる場合

　ホームページで公表されている情報や、報道機関により報道されている情報を、人に提供する行為のことをいいます。

　このように記録（トレーサビリティ）の義務のない場合が幅広く定められています。

提供を受ける側の義務

　個人データを提供される側には、提供元が「誰から、どうやって取得したのか」といった取得の経緯等を「確認」する義務があります。

　その上で、66ページの項目を記録し、原則として３年間保存しなければなりません。

提供を受ける側の記録事項

	提供を受けた年月日	第三者の氏名等	取得の経緯	本人の氏名等	個人データの項目	委員会による公表	本人の同意
①個人情報取扱事業者からオプトアウトによる第三者提供	○	○	○	○	○	○	
②個人情報取扱事業者から本人の同意に基づく第三者提供		○	○	○	○		○
③個人情報取扱事業者ではない者（私人など）からの第三者提供		○	○	○	○		

海外への移転の規制強化

グループ企業でも海外へは同意なしに個人データを送れない

外国にある第三者に個人データを提供することについては、原則として本人の同意が必要になります。

たとえば、フィリピンの会社にコールセンターの業務を委託するケースを想定してみましょう。この場合、顧客の個人データを日本からフィリピンに送ることになりますが、その際には、外国への移転についての特別な規制の対象となります。

62ページで「委託、合併等、共同利用は、第三者提供に当たらない」という例外を説明しました。しかし、この例外は外国にある第三者に提供する場合には適用されません。

外国にある第三者へ個人データを移転する方法

日本から外国に個人データを移転する方法として、以下の4つの方法が認められていました。

①個人データを提供していない場合

ガイドラインでは「提供」について「自己以外の者が利用可能な状態に置くこと」と定義しているので、相手の会社が個人データを取り扱わない場合には「提供」したことになりません。

たとえば、個人データをプリントアウトした紙をダンボールに詰めて倉庫業者に預けるとき、倉庫業者に提供していることにはなりません。なぜなら、倉庫業者はダンボールを開けないからです。クラウド上にデータを保管する場合も、保管会社がデータの中身を見ることができなければ同じ扱いになります。

9
海外への移転の規制強化

　ただし、外国に保管しているのであればその国の個人情報保護法制を調査した上で、国名を公表する義務が追加されました（33ページ参照）。したがって、提供していなくても保管しているのであれば国名を特定して公表・周知する必要があります。

　個人データを「提供」している場合は、海外に移転する方法が３つあります。

②個人情報保護委員会が認定した国

　EU（EEA加盟国）とイギリスが認定されています。

③個人情報保護委員会が定める体制を整備している者

　契約やグループ内規程等で日本法を遵守する体制が整備されている企業であれば認められています。

　また、APECのCBPR認証を採用している「米国・シンガポール・韓国・メキシコ・カナダ・オーストラリア・台湾・フィリピン」において、CBPR認証を受けている企業であれば認められています。

④本人の同意がある場合

　それ以外では本人から同意を取ることで可能となります。

海外への移転は規制が強化された

　2022年の改正法で、③と④に改正がありました。③は、２つの規制が上乗せになりました。１つ目は、契約を締結した相手が日本法を守っていることと「移転先の第三者が所在する外国における相当措置の実施に影響を及ぼすおそれのある制度の有無」を定期的に確認することが求められます。つまり、日本

法を守らせるという契約が履行できなくなるようなおそれのある制度が相手国にあるかどうか確認する必要があります。その上で、個人情報を保護できないのであれば提供を停止しなければなりません。

外国にある第三者へ個人データを移転する場合の対応

本人の求めに応じて提供すべき情報（規則18条3項）

1. 当該第三者による法第28条1項に規定する体制の整備の方法
2. 当該第三者が実施する相当措置の概要
3. 下記 A）による確認の頻度及び方法
4. 当該外国の名称
5. 当該第三者による相当措置の実施に影響を及ぼすおそれのある当該外国の制度の有無及びその概要
6. 当該第三者による相当措置の実施に関する支障の有無及びその概要
7. 前号の支障に関して、下記B）により当該個人情報取扱事業者が講ずる措置の概要

A）定期的な確認（年に1回）

1. 移転先の第三者による相当措置の実施状況
2. 移転先の第三者の所在する外国における相当措置の実施に影響を及ぼすおそれのある制度の有無

B）支障時の対応

移転先の第三者による相当措置の実施に支障が生じた場合には、当該支障の解消のために必要かつ適切な措置を講ずることとともに、当該第三者による相当措置の継続的な実施の確保が困難になった場合は、当該第三者に対する**個人データの提供を停止する**こと

　２つ目は、「本人の求め」があれば前ページの１から７を説明しなければなりません。たとえば、中国の会社にデータ管理の保守を依頼している場合、普通は日本法を守らせるというデータ移転契約により委託します。2022年の改正では、さらに上乗せの規制として、契約を守っているかどうかと中国の法制度の内容を、年に１回確認する必要があります。そして、本人から請求があった場合は１から７の項目、特に４の「当該外国の名称」の説明が必要になりました。

　④の本人の同意を取得する際には、１）外国の名称、２）当該外国の個人情報保護制度の説明、３）相手の第三者、つまり相手の会社が講ずる保護措置の説明、この３点が情報提供義務とされました。この改正により、個人データを移転できる国は今後、実務的にはかなり限定されつつあるのが現状です。

「データ安全保障」は世界的な流れ

　2022年の改正では、データを外国に保管している場合、国名を特定して本人に説明することが求められるなど、個人データを外国ではなく日本国内に保存することを勧める傾向が感じられます。いわば「データ鎖国」の動きです。ただし、これは日本に限らず世界的な傾向です。EUも相手の国に移転するリスクを説明した上で同意を取る必要があります。タイ、中国、シンガポールなども同様です。安全保障の観点も踏まえた規制であるため、世界的な流れとなっています。

仮名加工情報によるデータの利活用

「匿名加工情報」という概念

2017年施行の改正で「匿名加工情報」という概念が設けられました。これは、「特定の個人を識別することができないように個人情報を加工」して得られる個人に関する情報であって、それを「復元できないようにしたもの」です。

「ビッグデータの解析をするためのデータを自由に流通させましょう」という目的で導入されました。ビッグデータとは、以前の技術では扱えなかったような大量のデータのことです。

たとえば、レジのPOSデータを見ていると、あるプリンがあまり売れていないことがわかったとします。今までであれば、仕入れをやめてしまうところですが、データを分析してみると、そのプリンは、毎週来店していて客単価も高い常連客が購入していることがわかるかもしれません。

そのプリンを店頭からなくすと常連客を失う可能性もあり、店頭に並べておくべき、という判断ができることになります。これが、ビッグデータを使った新しい知見です。

匿名加工情報の定めは下記です（法第2条第6項）。

> 特定の個人を識別することができないように個人情報を加工して得られる個人に関する情報であって、当該個人情報を復元できないようにしたもの

「特定の個人を識別することができる情報」が個人情報です。これを「特定の個人を識別することができないように」加工す

ると匿名加工情報になるということです。

匿名加工情報に特有の取扱い方法

本人の同意は不要

自社利用にも適用される

加工方法

● 個人情報保護委員会規則で定める基準（「識別」＋「復元」不可）に従い加工（法第43条第1項）

作成したとき

● 委員会規則で定める基準に従い、加工の方法等に関する情報等の安全管理措置を講じる（同条第2項）
● 委員会規則で定めるところにより、個人に関する情報の項目を公表（同条第3項）
● 匿名加工情報の安全管理措置等を講じ、かつ、当該措置の内容を公表するよう努めなければならない（同条第6項）

自ら取り扱う際

● 本人を識別するために、当該匿名加工情報を他の情報と照合してはならない（同条第5項）

第三者に提供するとき

● 委員会規則で定めるところにより、あらかじめ、第三者に提供される匿名加工情報に含まれる個人に関する情報の項目及びその提供の方法について公表するとともに、当該第三者に対して、当該提供に係る情報が匿名加工情報である旨を明示しなければならない（同条第4項・第44条）

第三者から提供を受けた匿名加工情報を取り扱う際

● 本人を識別するために、削除された記述等、加工の方法の情報を取得し、または当該匿名加工情報を他の情報と照合してはならない（第45条）
● 匿名加工情報の安全管理措置等を講じ、かつ、当該措置の内容を公表するよう努めなければならない（第46条）

※経済産業省資料より

仮名加工情報が新設された

　この匿名加工情報を第三者に提供する場合には、本人の同意は不要です。しかも匿名加工情報に加工すると、利用目的の規制がなくなり、自由に使うことが可能になります。これにより、会社はビジネスを行いやすくなったのです。

　ただし、現実にはビジネスにおいて匿名加工情報はあまり利用されていません。なぜなら、匿名加工情報とする基準があいまいだからです。そこで、2022年の改正では「仮名加工情報」という概念が新設されました。

匿名加工情報と仮名加工情報の違い

　74ページの表が匿名加工情報と仮名加工情報の加工基準となります。匿名加工情報では、①特定の個人を識別することのできる記述、たとえば名前を消します。②個人識別符号、たとえばマイナンバーなどを削除します。③連結する符号、たとえばお客様 ID などデータベースに連結する符号を削除します。これで普通は誰の情報かわからなくなります。さらに④特異な記述は、たとえば「118歳のお年寄り」などを削除します。⑤がその他適切な措置、これは判断が難しく、たとえば小学校のデータに60歳が1人だけいると、社会一般で60歳は特異ではありませんが、小学校のデータだと年配の先生だとわかってしまうので、「60歳」は削除します。

　これで匿名加工情報になりますが、④と⑤のその他の措置の

基準が難しく、あまり使われていないのです。

匿名加工情報と仮名加工情報の加工方法

匿名加工情報 （法2条6項、法43条、規則34条）	仮名加工情報 （法2条5項、法41条、規則31条）
①個人情報に含まれる特定の個人を識別することができる記述等の全部又は一部を削除	①個人情報に含まれる特定の個人を識別することができる記述等の一部を削除
②個人情報に含まれる個人識別符号の全部を削除	②個人情報に含まれる個人識別符号の全部を削除
③個人情報と当該個人情報に措置を講じて得られる情報とを連結する符号を削除	
④特異な記述等を削除	
⑤前各号に掲げる措置のほか、個人情報に含まれる記述等と当該個人情報を含む個人情報データベース等を構成する他の個人情報に含まれる記述等との差異その他の当該個人情報データベース等の性質を勘案し、その結果を踏まえて適切な措置を講ずる	
※クレジットカード番号は、通常、1号又は5号の基準に基づき削除されると考えられる。	⑥不正利用されることにより、財産的被害が生じるおそれのある記述等の削除又は置換

　一方、新設された仮名加工情報は加工基準が明確です。①名前や生年月日を消して、②マイナンバーなどを消して、⑥不正利用されることにより財産的被害が生じるおそれがある基準、たとえばクレジットカード番号などを削除すればいいことになりました。具体的には、コンビニのレジのPOSデータであれば、多くの場合、名前だけ仮名化すれば仮名加工情報になります。今後は仮名加工情報が活用されるでしょう。

　しかも、利用目的は何でもよく、途中で利用目的の変更も可

能です。とても使いやすくなっているので、社内のデータを分析する場合は使い勝手に優れています。ただし、本人にコンタクトする目的で利用することはできず、このリストを使ってダイレクトメールを送ることはできません。あくまでも社内で分析するなどの目的での利用だけが可能です。

　また、第三者提供はできません。社内で使うのであれば仮名加工情報、第三者に提供するときは匿名加工情報という使い分けになると思われます。委託と共同利用は可能ですので、グループ企業内での情報分析などに利用できることになります。

第2章の予備知識

デジタル庁とマイナンバーカード

　2021年に発足したデジタル庁は「公金受取口座登録制度」を推進しています。これには、金融機関の預貯金口座の情報とマイナンバーを事前に登録しておくことで、緊急時に給付金等の申請や給付が迅速に行えるというメリットがあります（登録は任意）。緊急時以外でも、年金や所得税の還付金などの支給時に利用することができます。また、年金受給口座の口座番号を公金受取口座として登録する制度も始まります。これは、登録しないとの意思表示をしない限り登録される仕組みになっているので、不同意としたい方は、不同意の返信をするか、マイナポータルや金融機関で抹消の手続きをする必要があります。デジタル庁はこのようにマイナンバーカードの利用方法の拡大を推進していくと思われます。

事例で学ぶ個人情報保護

事例1：「内定辞退率」データは何が問題だったか？

　就職情報サイトを運営する会社が算出した「内定辞退率」の予測データを、利用企業との間でやりとりしていたことが問題視された事件がありました。採用応募学生のウェブ上の閲覧履歴をトラッキング（追跡・分析）することで、その応募者の内定辞退率のスコアリングが可能になります。個人情報保護委員会はデータを販売した会社に勧告を出し、データの販売契約を結んでいた37社に対して行政指導を行いました。実際にデータを購入した35社については社名公表もされました。2022年の改正では、この予測データの提供が規制されています。ある会社のサイトを閲覧した人の内定辞退の可能性は個人関連情報となり、その情報の提供を受けた会社が自社の個人情報とひもづけする場合は本人の同意が必要です。このようにインフォームド・コンセントが厳しく求められる改正が行われました。

事例2：個人データの海外移転に関する規制の影響は？

　SNSの運営会社がシステムの開発・保守を海外の会社に委託し、データの一部も別の国のデータセンターに保存していることが報道され、注目を集めたことがあります。2022年の改正では、データの海外移転に関する規制が大幅に強化されました。今後、この会社のようにデータを海外に移転する際には67ページのような対応が必要となります。経済安全保障と個人の権利利益の保護の観点からこうした改正が行われましたが、現

代社会の企業活動では海外のITサービスを利用することはごく普通に行われていますので、対応に苦慮する企業が増えています。

　ある県庁で使用されていたHDD（ハードディスクドライブ）を廃棄する際、その処理を行う会社（A社）が廃棄業務を委託した会社（B社）の社員がHDDを廃棄せずに転売した事件があり、大きな社会問題となりました。

　個人データが保存された媒体の廃棄を依頼されたA社には、廃棄を委託したB社の廃棄方法をしっかり監督する義務があります。しかし、それが果たされていませんでした。実際には委託先の監督は難しいという現実もありますが、類似の問題が発生する可能性もゼロではなく、委託先の監督は重要です。

　タクシーに乗ると、前席の後部に設置されたタブレットから広告が流れることがあります。このタブレットを使ったサービスを展開する会社が、個人情報保護委員会から指導を受けました。タブレットに付属するカメラにより利用者の性別を推定して広告の内容を変えていたのですが、このカメラ画像は個人情報であり、こうしたサービス提供において、利用者に対してカメラの存在や利用目的の通知が不十分であると判断されての指

導でした。利用目的の特定を厳しく求める改正が行われたことで、今後このような問題は起こらないはずです。

事例5：生成AIに個人情報を入力することに注意喚起

　個人情報取扱事業者が生成AIのプロンプトに個人情報を入力することについて、2023年6月に個人情報保護委員会が注意喚起しました。それによれば留意点は2つあります。

　①生成AIで利用することについて利用目的として特定して通知等する必要がある（26〜31ページ参照）。②プロンプトに入力した個人データをサービス提供会社が機械学習などで利用するのであれば、個人データを「提供」していることになり本人の同意などが必要となる可能性があるので（59〜70ページ参照）、同意を取得していないのであればそのような利用をさせないようにする。

　逆にいえば、この2点を中心に個人情報保護法を遵守していれば、生成AIのプロンプトに個人情報を入力することも可能であるということになります。不必要に恐れる必要はありませんので、本書に記載された個人情報保護法のルールを守って、新しい技術でも個人情報を積極的に活用していくとよいのではないでしょうか。

第 **2** 章

これで安心！
マイナンバー

POINT

- ☑ ①「マイナンバー制度」は2016年1月にスタート。日本に住民票を有する人全員に12桁の数字（マイナンバー）が割り振られている

- ☑ ②社会保障と税に関して、一人ひとりを国がマイナンバーで管理し、行政事務の簡素化・効率化を図る目的がある。マイナンバー制度がスタートしてから明確になった事柄も多く、知識のアップデート・実務の整備の必要がある

- ☑ ③マイナンバーの利用が拡大されているため、法律に基づく正しいマイナンバーの取扱いが求められる機会がより多くなる

- ☑ ④マイナンバーカードと保険証や運転免許証などとの統合が進み、私たちの生活が便利になっていく

個人情報保護法と
マイナンバー法の関係

個人情報保護法のくくりの中にマイナンバー法がある

　個人情報保護法とマイナンバー法は、個人情報保護法が「一般法」で、マイナンバー法が「特別法」（特例を定める法律）という関係にあります。

　マイナンバー（個人番号）は「個人識別符号」なので、個人情報に該当します（15ページ参照）。したがって、マイナンバーを取り扱う際には、原則として個人情報保護法が適用されます。

　しかし、マイナンバー法に特別な定めがあるときには、マイナンバー法が優先的に適用されることになるのです。

　マイナンバーを取り扱う際には、個人情報保護法とマイナンバー法の両方を理解していなければならないことが、おわかりいただけるでしょう。

個人情報保護法
（一般法）

マイナンバー法
（特別法）

マイナンバーはどう役立つ？

「社会保障」「税」「災害対策」の3分野で使用

　日本に住民票を有する全員に付番されているマイナンバーは、「社会保障」「税」「災害対策」の3分野で使用されるものとして始まり、国家資格や在留資格の許可などでも利用されています。具体的には、「社会保障」は年金、雇用保険、医療保険、介護保険、生活保護等の分野で利用されています。「税」は確定申告や支払調書・源泉徴収票の作成の際などに利用されています。「災害対策」は、激甚災害の際にマイナンバーで金融取引ができるようになったりします。

　マイナンバーは、ここに述べた「社会保障」「税」「災害対策」の3分野をはじめとする法律で定められた目的以外では使うことが認められていないのが特徴です。

マイナンバーは何に使われる？

社会保障分野	**年金分野** ・年金の資格取得・確認、給付を受ける際に利用 **労働分野** ・雇用保険等の資格取得・確認、給付を受ける際に利用。ハローワーク等の事務等に利用 **福祉・医療・その他分野** ・医療保険等の保険料徴収等の医療保険者における手続き、福祉分野の給付、生活保護の実施等低所得者対策の事務等に利用
税分野	・国民が税務当局に提出する確定申告書、届出書、調査等に記載。当局の内部事務等に利用
災害対策分野	・被災者生活再建支援金の支給に関する事務等に利用 ・被災者台帳の作成に関する事務に利用
その他	・国家資格、自動車登録、在留資格に係る許可などに利用

マイナンバーの5つのチェックポイント

法律で定められた場面以外は扱ってはいけない

マイナンバーを取り扱うときには、次の5つのポイントに注意が必要です。

①マイナンバーを「取得する」とき

役所に提出するためなど、法律で定められた場面以外には、取得してはいけません。マイナンバーを取得する際には、本人確認が必要になります。

②マイナンバーを「利用する」とき

役所に提出するためなど、法律で定められた場面以外には、マイナンバーを利用することはできません。

③マイナンバーを「保管する」とき

取得したマイナンバーを安全に管理する義務があり、事務取扱担当者以外は取り扱うことはできません。

④マイナンバーを「他人に渡す」とき

法律で定められたとき以外、渡すことはできません。

⑤本人からマイナンバーの「開示を求められた」とき

「自分のマイナンバーを開示してほしい」と本人からいわれたら、開示する必要があります。

個人情報の取扱いと大きく異なる点は、マイナンバーは役所に提出するときなど法律で定められた場面以外は、取得できず、利用もできず、人に渡してもいけないことです。

マイナンバー法に違反したとき

従業員も企業も厳しく罰せられる

マイナンバー法は、個人情報保護法よりも厳しい罰則が定められています。

たとえば、従業員が、個人の秘密に属する事項が記録された特定個人情報ファイル（マイナンバーやマイナンバーに対応する符号をその内容に含む個人情報データベース等のこと）を、名簿業者に売却するケースも考えられます。

その場合、違反した従業員は4年以下の懲役もしくは200万円以下の罰金、またはその両方に処せられる可能性がある上、使用者である企業自身も1億円以下の罰金に処せられる可能性があります。取り扱う従業員は十分に注意してください。

マイナンバー法には厳しい罰則規定がある

行為	個人情報保護法	マイナンバー法
個人番号利用事務等に従事する者又は従事していた者が、正当な理由なく、個人の秘密に属する事項が記録された特定個人情報ファイルを提供	—	4年以下の懲役若しくは200万円以下の罰金又は併科 法人は1億円以下の罰金
上記の者が、不正な利益を図る目的で、個人番号を提供又は盗用	1年以下の懲役又は50万円以下の罰金 法人は1億円以下の罰金	3年以下の懲役若しくは150万円以下の罰金又は併科 法人は1億円以下の罰金
委員会から命令を受けた者が、委員会の命令に違反	1年以下の懲役又は100万円以下の罰金 法人は1億円以下の罰金	2年以下の懲役又は50万円以下の罰金 法人は1億円以下の罰金
委員会に対する、虚偽の報告、虚偽の資料提出、検査拒否等	50万円以下の罰金 法人も同じ	1年以下の懲役又は50万円以下の罰金 法人も罰金

※委員会とは「個人情報保護委員会」を指す

COLUMN

マイナンバーカードをコピーするときは注意!

　レンタルビデオ店等で会員登録する際には、運転免許証を出し、それをコピーして身元確認するという方法がよく行われていると思います。マイナンバーカードの普及が進んだことで、お客様が運転免許証の代わりにマイナンバーカードを持ってくることも予想されます。

　マイナンバーカードは、表面には、住所・氏名・生年月日・性別・顔写真が表示されています。そして、マイナンバーは裏面に書かれています。

　裏面をコピーするとマイナンバーを取得してしまうため、違法になりますので注意が必要です。

「マイナンバーカード」の取扱いには気をつけて

表面

裏面

マイナンバーが
書かれている

氏名 △△△△
住所 ○○県○○市○○町123

個人番号
カード

昭和○年○月○日 生

性別 男

×年×月×日まで有効

○○市長

年　月　日

年　月　日　署名□

1234　5678　9123

氏名 △△△△

昭和○年○月○日 生

※券面イメージ

マイナンバーの取扱いでの注意点

①利用制限、②提供制限、③安全管理措置の3つで異なる

　個人情報とマイナンバーでは取り扱い方が大きく3点で異なります。「①利用制限」「②提供制限」「③安全管理措置」です。

①利用制限

　個人情報は、利用目的を特定して通知等さえしておけば、利用目的そのものは企業が自由に定めることができました。

　マイナンバーは、役所に届け出る帳票に記載するなど、法律が定める目的以外に利用することはできません。

②提供制限

　個人情報（個人データ）は本人の同意があれば第三者提供が可能ですが、マイナンバーは役所に届け出る帳票に記載する場面など法律が定める場面以外に提供することはできません。なお、2021年9月1日に、出向・転籍・転職の場合には、本人の同意があれば会社間でマイナンバーの提供が可能になりました。

③安全管理措置

　マイナンバーには、普通の個人情報（個人データ）よりもさらに厳しい漏えい防止策が要求されています（第5章参照）。

取得時には「本人確認」が必要

　会社が従業員等からマイナンバーを取得する際には本人確認が必要ですが、具体的な方法として主に2パターンがあります。

①マイナンバーカードの提示

②住民票の写し等と運転免許証あるいはパスポート等の
　提示

なお、従業員の本人確認には軽減措置もあります。

安全管理措置について

　マイナンバー法のガイドラインでは、マイナンバーを取り扱う事務と、そこで必要になる情報を明確にした上で、マイナンバーを取り扱う「事務取扱担当者」を明確にしたのちに、安全管理措置を講ずるとされています。

1　基本方針の策定（任意）
2　取扱規程等の策定（義務的）
3　組織的安全管理措置（義務的）
4　人的安全管理措置（義務的）
5　物理的安全管理措置（義務的）
6　技術的安全管理措置（義務的）
7　外的環境の把握（義務的）

　その内容を、個人情報保護法の安全管理措置と比較して表にまとめました（第5章106〜108ページ）。
　なお、中小規模事業者（従業員100人以下等の要件を満たす事業者）に対しては、講ずべき安全管理措置の内容に関して特例的な軽減措置が認められています。

第 **3** 章

これで安心！
個人情報保護と
マイナンバー
身近なQ&A

身近なQ&A

Q1　企業は個人情報を変なことに使わない？

A：そのためにあるのが個人情報保護法

　その心配をなくすために、個人情報保護法がいろいろなことを定めているのです。

　利用目的を最初に示し、その利用目的の範囲でしか使うことは許されない。目的外で使用された場合は、本人がその会社に利用停止、削除を求めることができる。個人情報保護委員会が立入検査をして、勧告し、罰則付きの命令を出すことができる。

　こうした仕組みで、安心が確保されています。

Q2　マイナンバーを他人に知られたらどうなる？

A：マイナンバーだけで「なりすまし」はできない

　他人にマイナンバーを知られた場合に懸念されるのは、そのマイナンバーを使って「なりすまし」が行われたり、プライバシーが暴かれたりすることです。

　たとえば、「他人にマイナンバーを知られたら、社会保険の給付先の銀行口座を勝手に変更されませんか」「他人のマイナンバーを使って、所得や住民票の情報などを覗き見されませんか」といった不安の声が、よく聞かれます。

　マイナンバー制度では、なりすましができないように本人

確認が必要とされています。役所等では本人確認書類の提示がなければ、マイナンバーを受け取ることすらしてもらえません。したがって、マイナンバーを使ってなりすましをすることはできず、マイナンバーが他人に知られても実害はないと考えられます。

Q3 マイナンバーカードは何に使える？

A：持つことでメリットがある

マイナンバーカードには以下のメリットがあるとされています。

・マイナンバーを証明する書類として
・各種行政手続きのオンライン申請等に
・本人確認の際の身分証明書として
・各種民間のオンライン取引等に
・さまざまなサービスがこれ一枚で
・コンビニなどで各種証明書の取得に
・健康保険証として利用できる

このうち、コンビニなどで住民票や印鑑登録証明書などの公的な証明書を取得できることは、確かに便利といえるでしょう。

また、写真付きの身分証明書となるので、運転免許証を持っていない人には便利だと思います。

2021年からは、マイナンバーカードを健康保険証として利用することが可能になりました。そして、2025年にはマイナンバーカードと運転免許証が一体化される予定です。マイナンバーカードを持っていれば、運転免許証不携帯の心配がなくなります。

さらに、マイナンバーカードの中には、電子的な身分証明書である「公的個人認証」の仕組みが入っています。これを使って、民間企業でも、インターネット上での銀行口座の開設や引っ越しの際の住所変更のサービスなどが実現できます。

また、スマートフォンにマイナンバーカードの公的個人認証のデータを読み込んで、スマートフォンをマイナンバーカード代わりに使用できるシステムの開発が進んでいます。これが実用化すれば、マイナンバーカードを持ち歩く必要がなくなります。なお、この際には、マイナンバーはスマートフォンに保存されない仕組みになっています。

Q4　マイナンバーカードをなくしたら？

A：すぐに一時利用停止を依頼する

マイナンバーカードはクレジットカードと同じくらい大切なものとして取り扱ってください。したがって、落としたり紛失したりしたときは、早急な対応が必要です。

すぐに「個人番号カードコールセンター」（電話0570-783-578）に連絡して一時利用停止を依頼する必要があります。

Q5 マイナポータルでのサービスって？

A：「やりとり履歴」や「子育てワンストップサービス」など

　マイナンバーに関連した行政サービスのポータルサイト「マイナポータル」が開設されています。マイナポータルは、子育てに関する行政手続きがワンストップでできたり、行政からのお知らせが自動的に届いたりします。

　マイナポータルで提供されるサービスとしては92ページのものがあります。

　ポイントのひとつは「情報提供等記録表示（やりとり履歴）」で、役所が自分の情報をマイナンバーでどう連携したのかを確認できる（ログが全部わかる）ことです。つまり、住民が国家を監視するシステムとなっています。

　また、「子育てワンストップサービス」では、たとえば保育園に入るとき、あちこちに書類を出す面倒がなくなります。

　このワンストップサービスは、引っ越し時の手続きにも拡大されつつあります（転出・転入が一度で済む）。さらに民間企業とも連携すれば、ガス・電気・水道の手続きも簡単になり、便利なサービスとなるでしょう。

マイナポータルでできること

手続の検索・電子申請（ぴったりサービス）	住んでいる地域と各種条件で検索すると、申請可能な手続を確認でき、手続に必要な書類をオンラインで作成できる
自己情報表示（わたしの情報）	行政機関などが持っている自分の特定個人情報（所得税や世帯情報など）が確認できる
お知らせ	行政機関等が送信する、個人に合ったお知らせやアンケート、各種証明書等を確認することができる
情報提供等記録表示（やりとり履歴）	行政での審査・手続等に伴い、どの行政機関において、いつ、どのように自分の情報が利用されたのか確認することができる
外部サイト連携（もっとつながる）	マイナポータルとe-Taxやねんきんネットなどの外部ウェブサイトをつなぐことでマイナポータルからスムーズにログインができ、外部ウェブサイトの機能の利用やお知らせの確認ができる

順次サービス拡大予定

※内閣府ホームページより

第 **4** 章

個人情報保護・マイナンバー確認テスト

・個人情報保護　初級編　　　　　　10問

・個人情報保護　中級編　　　　　　10問

・個人情報保護　上級編　　　　　　10問

・個人情報保護　改正のポイント編　10問

・マイナンバー　　　　　　　　　　10問

……の合計50問のテストです。

テストはダウンロードも可能になっています。

個人の理解度チェックの他、

研修の振り返りにも活用できます

（ダウンロードの詳細は2ページ参照）。

確認テストの解答には、解説と該当ページを記してあります。

答えられなかった設問は、該当ページを再読するなどして、

全問正解を目指し、

現場で必須の知識を確実に自分のものにしましょう！

さあ、挑戦！

個人情報保護　確認テスト ★ダウンロード test 1

初級編 10問

個人情報の保護に関する基礎知識です。
日常の業務にも必須の事柄なので、しっかり押さえておきましょう。

Q	問題	解答欄 (○か✕)
Q1	運転免許証の番号、旅券（パスポート）番号、マイナンバーは個人情報である。	
Q2	指紋認識データ、顔認識データは個人情報である。	
Q3	個人情報の取得に際しては利用目的を本人に通知、あるいは公表しなければならない。	
Q4	名刺（個人情報）をパソコンで管理すると「個人データ」になるが、名刺ホルダーなどアナログな方法で管理した場合は「個人データ」に当たらない。	
Q5	人種、犯罪の経歴などの要配慮個人情報は取得するだけならば本人の同意を必要としない。	
Q6	個人の姓名は個人情報であり、迷子のアナウンスで使用することもできない。	
Q7	商品の配送を利用目的として取得した宛先に、利用目的を変更せずにダイレクトメールを送ることはできない。	
Q8	取引先の電話番号やメールアドレスが入っていて仕事で使っていたとしても、従業員の私物の携帯電話であれば、会社による安全管理措置の適用外である。	
Q9	個人データの取扱いを外部に委託することはできない。	
Q10	利用する必要がなくなった個人データは、本人が利用停止・消去の請求ができる。	

第1回	第2回	第3回
／10	／10	／10

Q1 ○

個人識別符号なので、個人情報に当たります（15ページ）。

Q2 ○

個人識別符号に該当して個人情報に入ります。掌紋も同様です（14ページ）。

Q3 ○

利用目的を伝えて取得すること（利用目的の通知等）が定められています（28ページ）。

Q4 ✕

紙で管理していても、容易に検索ができるように体系的に構成されていれば、個人情報データベース等に該当します（20ページ）。

Q5 ✕

人種、信条、社会的身分、病歴、犯罪の経歴などの要配慮個人情報は、取得の際には、原則として、あらかじめ本人の同意を得なければなりません（18ページ）。

Q6 ✕

このような場合は、一般的には、「人の生命、身体又は財産の保護のために必要がある場合であって、本人の同意を得ることが困難であるとき」に当たり、目的外での利用が可能です（39ページ）。

Q7 ○

目的外利用となりますので、ダイレクトメールの発送をするためには利用目的の変更が必要となり、そのために本人（お客様）の同意が必要となります（37ページ）。

Q8 ✕

携帯電話の電話帳は、典型的な「個人情報データベース等」に当たります。それを仕事で使用していると、会社の「事業の用に供している」ことになりますので、会社としての安全管理措置の対象となります（57ページ）。

Q9 ✕

たとえば、年賀状の宛名印刷を外部の印刷業者に依頼するなど、外部への「委託」は可能です（56ページ）。

Q10 ○

利用する必要がなくなった場合には利用停止・消去の請求が可能です（35ページ）。

個人情報保護　確認テスト test 2

中級編 10問

実際に個人情報を取り扱う際の注意点です。
第三者提供のポイントなどしっかり押さえておきましょう。

Q	問題	解答欄 （○か×）
Q1	亡くなった人の情報も個人情報である。	
Q2	個人情報取扱事業者には、①取得時に利用目的を伝える、②利用目的の範囲内で利用する、③漏えいしないように管理する、④第三者提供は本人の同意を得る、⑤本人からの開示請求等に対応する、の大きく5つの義務がある。	
Q3	町内会、NPO法人は営利企業ではないので、個人情報取扱事業者には含まれない。	
Q4	「病歴」は要配慮個人情報であるが、健康診断の結果として何も異常がなければ、その健康診断の結果そのものは要配慮個人情報ではない。	
Q5	個人データをグループ会社に提供することは、個人データの第三者提供には該当しない。	
Q6	仮名加工情報は第三者提供できない。	
Q7	個人データを第三者提供する者には記録義務があるが、提供を受ける者については記録義務がない。	
Q8	個人情報取扱事業者の保有個人データの内容が誤っている場合、本人は内容の訂正や削除を請求することができる。	
Q9	従業員が急病で運ばれる際も、本人の同意なく、救急隊員や医師に本人や家族の氏名・連絡先を教えてはならない。	
Q10	個人情報の利用目的の変更の場合は、原則として、あらかじめ本人の同意が必要となる。	

中級編 解答

Q1 ✕

物故者の情報は個人情報ではありません。ただし、死者の情報が、遺族のプライバシーや個人情報となるケースがあり、取扱いには注意が必要です（31ページ）。

Q2 ○

その通りです。本書第1章の第3節から第8節までで、5つの義務を解説しました。

Q3 ✕

個人情報データベース等を事業の用に供している者を個人情報取扱事業者といいます。この「事業」とは「営利・非営利の別は問わない」とされており、たとえば町内会やマンションの管理組合、NPO法人なども含まれます（25ページ）。

Q4 ✕

健康診断の結果は、それ自体が要配慮個人情報です（18ページ）。

Q5 ✕

グループ会社であっても、別の法人に提供するのであれば、第三者提供に該当します（委託や共同利用の場合等は除く）（62ページ）。

Q6 ○

仮名加工情報は第三者提供できません（75ページ）。

Q7 ✕

提供者には記録義務が、受領者には確認・記録義務がそれぞれ課されています（64、66ページ）。

Q8 ○

法第34条により、訂正等の請求権が認められています（33ページ）。

Q9 ✕

「人の生命、身体又は財産の保護のために必要がある場合であって、本人の同意を得ることが困難であるとき」に当たり、目的外での利用や、本人の同意がない第三者提供が可能です（38ページ）。

Q10 ○

同意が必要です。ただし、例外的に、変更前の利用目的と「関連性」を有すると合理的に認められる範囲であれば、本人の同意なく利用目的を変更できます（40ページ）。

個人情報保護　確認テスト test 3

上級編 10問

新しい概念である「仮名加工情報」や、個人情報の管理・保管などに関する注意点です。ここまで押さえれば完璧です。

Q	問題	解答欄 (○か×)
Q1	仮名加工情報は、取得時の利用目的と関係のない目的でも利用できる。	
Q2	「わが社の顧客の65%は大都市圏在住の40代男性である」は匿名加工情報であり、個人情報保護法の規制の対象となる。	
Q3	個人情報取扱事業者は、個人データの保管・管理（情報管理）に関して、①個人データの安全管理措置、②従業者に対する監督、③委託先に対する監督、④内容の正確性と消去の努力の義務を負う。	
Q4	個人データが記録された電子媒体の持ち運びは禁止されている。	
Q5	個人データを廃棄する際にはシュレッダーにかけるなど、復元できない手段で廃棄しなければならない。	
Q6	個人データの取扱いを外部に委託する場合、個人データの提供となるので、本人の同意が必要になる。	
Q7	氏名を黒塗りにした名簿は個人を特定できないので、個人データの第三者提供に当たることはない。	
Q8	採用活動に応募してきた学生の両親が特定の宗教法人に勤務していることがわかった場合、その情報は要配慮個人情報である。	
Q9	本人が、個人情報取扱事業者に対し、「保有個人データ」の開示請求を行って拒まれた場合、裁判所に訴訟を提起できる。	
Q10	従業員が業務に関して個人情報保護法に違反した場合、直接の違反者のほか、会社も罰せられることがある。	

Q1 ○

利用目的の変更には制限がありません（74ページ）。

Q2 ✕

これは集団の傾向や性質などを数量的に把握する統計情報であり、「個人に関する情報」ではないので、匿名加工情報ではありません（41ページ）。

Q3 ○

法第22条〜第25条です（47ページ）。

Q4 ✕

物理的安全管理措置では「容易に個人データが判明しないよう、安全な方策を講じ」た上で持ち運ぶことを求めていますが、持ち運びそのものを禁じているわけではありません（52ページ）。

Q5 ○

ガイドラインの「物理的安全管理措置」で定められています（52ページ）。

Q6 ✕

委託に伴う個人データの提供であれば本人の同意は不要です。ただし、委託先に対する「必要かつ適切な監督」を行う義務があります（56ページ）。

Q7 ✕

提供先では個人が特定できなくても、提供元では黒塗り前のデータを使うなどして個人を特定できる場合には、個人データに当たります（60ページ）。

Q8 ✕

特定の宗教法人に勤務しているという情報は要配慮個人情報を推知させるに過ぎない情報であり、要配慮個人情報ではありません（19ページ）。

Q9 ○

開示請求権等は裁判上の請求権です（34ページ）。

Q10 ○

違反した場合は会社も罰せられます（58ページ）。

個人情報保護　確認テスト

☆ダウンロード　test 4

改正のポイント編 10問

個人関連情報、本人の権利の強化、データの安全保障など、最近の改正のポイントをまとめています。

Q	問題	解答欄 (○か×)
Q1	令和3年の改正法によって、行政機関などの個人情報保護法と地方公共団体が定める個人情報保護条例などが、「個人情報保護法」に一本化されることになった。	
Q2	ウェブの閲覧履歴や購買履歴を分析してターゲティング広告を出すケースでは、「閲覧履歴や購買履歴等を分析して趣味・嗜好に応じた広告のために利用します」などと利用目的を詳細に記載しなければならない。	
Q3	個人情報は、適正に「取得」しなければならないが、適正に「利用」しなければならないとまではされていない。	
Q4	外国のクラウドサービスに個人データを保管しているだけであれば、国名を本人に知らせることは義務ではない。	
Q5	スマホに表示させた入力フォームから漏えいが発生した場合、事業者から漏えいしていないから報告・通知義務はない。	
Q6	利用する必要がなくなった場合には、本人は保有個人データの利用停止または消去を請求することができる。	
Q7	Cookie に保存された識別子で収集された閲覧履歴は、個人情報に当たらないため、提供・受領に同意は必要ない。	
Q8	「仮名加工情報」に加工した情報は、個人情報とひもづけしたり本人に連絡する目的で利用しない限り、当初の利用目的とはまったく別の利用目的で利用することができる。	
Q9	外国の企業に個人データを提供するために同意を取得する際には、国名だけではなく、その国の個人情報保護の制度などの説明もしなければならない。	
Q10	1000人分を超える個人データが漏えいした場合、本人に通知する義務はないが、個人情報保護委員会への報告義務がある。	

Q1 ○

これにより、私立病院と国公立病院などのデータを同じルールで取り扱えるようになります（4ページ）。

Q2 ○

情報を分析してプロファイリングする場合のように、本人が予測・想定できない利用をするときには、利用目的をより具体的に特定する必要があります（27ページ）。

Q3 ×

違法または不当な行為を助長または誘発するおそれがある方法で利用してはならない、という規制が追加されました（41ページ）。

Q4 ×

個人データを外国で保管している場合、その国名を「本人の知り得る状態」に置く必要があります（33、67ページ）。

Q5 ×

2024年の施行規則の改正で、「当該個人情報取扱事業者が取得し、又は取得しようとしている個人情報であって、個人データとして取り扱われることが予定されているもの」が、その事業者に対する行為によって漏えいした場合、報告・通知義務の対象となりました（55ページ）。

Q6 ○

利用する必要がなくなった場合、漏えい等の場合、その他本人の権利または正当な利益が害されるおそれがある場合には、利用停止などの請求ができます（35ページ）。「初級編」Q10でも確認したポイントです。

Q7 ×

閲覧履歴は「個人関連情報」に当たります（ただし、特定の個人が識別できるのであれば個人情報に当たります）。これを取得して個人データをひもづけして利用するのであれば、あらかじめ本人から同意を取得する必要があります（45ページ）。

Q8 ○

仮名加工情報は、利用目的の変更に制限がありません。ただし、個人情報とひもづけしての利用、本人に連絡する目的での利用、第三者提供はできません（74ページ）。

Q9 ○

外国にある第三者に個人データを提供することについて同意を取得する場合、国名、その国の個人情報の保護に関する制度、提供先の第三者が講じた措置について、説明する義務があります（69ページ）。

Q10 ×

個人情報保護委員会への報告だけではなく、本人への通知も義務です（55ページ）。

マイナンバー　確認テスト

10問

いずれも押さえておくべき大事なポイントです。

Q	問題	解答欄 （〇か×）
Q1	マイナンバーには個人情報保護法も適用される。	
Q2	マイナンバーは、社会保障、税、災害対策の行政手続き等で利用される。	
Q3	マイナンバーは、役所に提出する書類に記載するため等、法律で定められた場面以外では利用してはいけない。	
Q4	レンタルビデオ店の身分証明書としてマイナンバーカードを提示された場合、お客様の同意があれば、カードの表面・裏面ともコピーして構わない。	
Q5	マイナンバーを受け取るときには、本人確認しなければならない。	
Q6	マイナンバーも本人の同意があれば、自由に第三者に提供することができる。	
Q7	会社は、社内でマイナンバーを取り扱う「事務取扱担当者」を決めなければならない。	
Q8	従業員がマイナンバー法に違反した場合、会社もともに処罰を受けることがある。	
Q9	退職した従業員のマイナンバーを会社は永久に保管する義務がある。	
Q10	マイナンバーカードのデータをスマートフォンに保存することができる予定だが、その際には、スマートフォンにマイナンバーが保存されることになる。	

マイナンバー　確認テスト

解答

Q1 ○

マイナンバーは個人情報（個人識別符号）であるため、マイナンバー法だけではなく個人情報保護法の適用もあります（マイナンバー法が優先的に適用されます）（80ページ）。

Q2 ○

3分野の行政手続きで利用されます（81ページ）。

Q3 ○

マイナンバーは、役所に提出する書類に記載するために必要なとき等、法律で定められた場面以外では取得できず、利用もできず、人に渡してもいけません（82ページ）。

Q4 ×

裏面をコピーするとマイナンバーを取得することになり、違法です（84ページ）。

Q5 ○

本人確認は法律上の義務です（85ページ）。

Q6 ×

法律で定められた場面以外では提供はできません（85ページ）。

Q7 ○

事務取扱担当者を決めることが義務とされています（86ページ）。

Q8 ○

個人情報保護法以上に厳しい罰則規定が定められています（83ページ）。

Q9 ×

法令等で定められている保存期間を経過したら、できるだけ速やかに削除又は廃棄の義務があります（108ページ）。

Q10 ×

スマートフォンに保存されるのは公的個人認証のための仕組みだけであり、マイナンバーは保存されません（90ページ）。

第 **5** 章

巻末資料

項目

- [✓] **個人情報保護法とマイナンバー法のガイドラインの違い**
  民間企業では、個人データの安全管理措置と、マイナンバーの安全管理措置の両者を構築しなければなりません。両者のガイドラインでの安全管理措置を違いがわかるように列挙しましたので、社内体制の構築にお役立てください。

- [✓] **個人情報の保護に関する法律（抄）**

- [✓] **個人情報保護・マイナンバー　鉄則10カ条**

個人情報保護法とマイナンバー法の ガイドラインの違い

1. 基本方針の策定

個人情報保護法	マイナンバー法
個人情報取扱事業者は、個人データの適正な取扱いの確保について組織として取り組むために、基本方針を策定することが重要である。	特定個人情報等の適正な取扱いの確保について組織として取り組むために、基本方針を策定することが重要である。

2. 個人データの取扱いに係る規律の整備／取扱規程等の策定

個人情報保護法	マイナンバー法
個人データの取扱いに係る規律の整備 個人情報取扱事業者は、その取り扱う個人データの漏えい等の防止その他の個人データの安全管理のために、個人データの具体的な取扱いに係る規律を整備しなければならない。	取扱規程等の策定 「個人番号を取り扱う事務の範囲の明確化」、「特定個人情報等の範囲の明確化」、「事務取扱担当者の明確化」で明確化した事務において事務の流れを整理し、特定個人情報等の具体的な取扱いを定める取扱規程等を策定しなければならない。

3. 組織的安全管理措置

個人情報保護法	マイナンバー法
(1)組織体制の整備 安全管理措置を講ずるための組織体制を整備しなければならない。	a 組織体制の整備 安全管理措置を講ずるための組織体制を整備する。
(2)個人データの取扱いに係る規律に従った運用 あらかじめ整備された個人データの取扱いに係る規律に従って個人データを取り扱わなければならない。 なお、整備された個人データの取扱いに係る規律に従った運用の状況を確認するため、利用状況等を記録することも重要である。	b 取扱規程等に基づく運用 取扱規程等に基づく運用を行うとともに、その状況を確認するため、特定個人情報等の利用状況等を記録する。
(3)個人データの取扱状況を確認する手段の整備 個人データの取扱状況を確認するための手段を整備しなければならない。	c 取扱状況を確認する手段の整備 特定個人情報ファイルの取扱状況を確認するための手段を整備する。 なお、取扱状況を確認するための記録等には、特定個人情報等は記載しない。
(4)漏えい等事案に対応する体制の整備 漏えい等事案の発生又は兆候を把握した場合に適切かつ迅速に対応するための体制を整備しなければならない。 なお、漏えい等事案が発生した場合、二次被害の防止、類似事案の発生防止等の観点から、事案に応じて、事実関係及び再発防止策等を早急に公表することが重要である。	d 漏えい等事案に対応する体制の整備 漏えい等事案の発生又は兆候を把握した場合に、適切かつ迅速に対応するための体制を整備する。 漏えい等事案が発生した場合、二次被害の防止、類似事案の発生防止等の観点から、事案に応じて、事実関係及び再発防止策を早急に公表することが重要である。

| (5)取扱状況の把握及び安全管理措置の見直し
個人データの取扱状況を把握し、安全管理措置の評価、見直し及び改善に取り組まなければならない。 | e 取扱状況の把握及び安全管理措置の見直し
特定個人情報等の取扱状況を把握し、安全管理措置の評価、見直し及び改善に取り組む。 |

4. 人的安全管理措置

個人情報保護法	マイナンバー法
従業者の教育 従業者に、個人データの適正な取扱いを周知徹底するとともに適切な教育を行わなければならない。	a 事務取扱担当者の監督 事業者は、特定個人情報等が取扱規程等に基づき適正に取り扱われるよう、事務取扱担当者に対して必要かつ適切な監督を行う。 b 事務取扱担当者の教育 事業者は、事務取扱担当者に、特定個人情報等の適正な取扱いを周知徹底するとともに適切な教育を行う。

5. 物理的安全管理措置

個人情報保護法	マイナンバー法
(1)個人データを取り扱う区域の管理 個人データベース等を取り扱うサーバやメインコンピュータ等の重要な情報システムを管理する区域(以下「管理区域」という。)及びその他の個人データを取り扱う事務を実施する区域(以下「取扱区域」という。)について、それぞれ適切な管理を行わなければならない。	a 特定個人情報等を取り扱う区域の管理 特定個人情報ファイル等を取り扱う情報システム(サーバ等)を管理する区域(以下「管理区域」という。)を明確にし、物理的な安全管理措置を講ずる。 また、特定個人情報等を取り扱う事務を実施する区域(以下「取扱区域」という。)について、事務取扱担当者等以外の者が特定個人情報等を容易に閲覧等できないよう留意する必要がある。
(2)機器及び電子媒体等の盗難等の防止 個人データを取り扱う機器、電子媒体及び書類等の盗難又は紛失等を防止するために、適切な管理を行わなければならない。	b 機器及び電子媒体等の盗難等の防止 管理区域及び取扱区域における特定個人情報等を取り扱う機器、電子媒体及び書類等の盗難又は紛失等を防止するために、物理的な安全管理措置を講ずる。
(3)電子媒体等を持ち運ぶ場合の漏えい等の防止 個人データが記録された電子媒体又は書類等を持ち運ぶ場合、容易に個人データが判明しないよう、安全な方策を講じなければならない。 なお、「持ち運ぶ」とは、個人データを管理区域又は取扱区域から外へ移動させること又は当該区域の外から当該区域へ移動させることをいい、事業所内の移動等であっても、個人データの紛失・盗難等に留意する必要がある。	c 電子媒体等の取扱いにおける漏えい等の防止 特定個人情報等が記録された電子媒体又は書類等を持ち運ぶ場合、容易に個人番号が判明しないよう、安全な方策を講ずる。 「持ち運ぶ」とは、特定個人情報等を管理区域又は取扱区域から外へ移動させること又は当該区域の外から当該区域へ移動させることをいい、事業所内での移動等であっても、特定個人情報等の紛失・盗難等に留意する必要がある。

(4)個人データの削除及び機器、電子媒体等の廃棄	d 個人番号の削除、機器及び電子媒体等の廃棄
個人データを削除し又は個人データが記録された機器、電子媒体等を廃棄する場合は、復元不可能な手段で行わなければならない。また、個人データを削除した場合、又は、個人データが記録された機器、電子媒体等を廃棄した場合には、削除又は廃棄した記録を保存することや、それらの作業を委託する場合には、委託先が確実に削除又は廃棄したことについて証明書等により確認することも重要である。	個人番号関係事務又は個人番号利用事務を行う必要がなくなった場合で、所管法令等において定められている保存期間等を経過した場合には、個人番号をできるだけ速やかに復元不可能な手段で削除又は廃棄する。個人番号若しくは特定個人情報ファイルを削除した場合、又は電子媒体等を廃棄した場合には、削除又は廃棄した記録を保存する。また、これらの作業を委託する場合には、委託先が確実に削除又は廃棄したことについて、証明書等により確認する。

6. 技術的安全管理措置

個人情報保護法	マイナンバー法
(1)アクセス制御 担当者及び取り扱う個人情報データベース等の範囲を限定するために、適切なアクセス制御を行わなければならない。	a アクセス制御 情報システムを使用して個人番号関係事務又は個人番号利用事務を行う場合、事務取扱担当者及び当該事務で取り扱う特定個人情報ファイルの範囲を限定するために、適切なアクセス制御を行う。
(2)アクセス者の識別と認証 個人データを取り扱う情報システムを使用する従業者が正当なアクセス権を有する者であることを、識別した結果に基づき認証しなければならない。	b アクセス者の識別と認証 特定個人情報等を取り扱う情報システムは、事務取扱担当者が正当なアクセス権を有する者であることを、識別した結果に基づき認証する。
(3)外部からの不正アクセス等の防止 個人データを取り扱う情報システムを外部からの不正アクセス又は不正ソフトウェアから保護する仕組みを導入し、適切に運用しなければならない。	c 外部からの不正アクセス等の防止 情報システムを外部からの不正アクセス又は不正ソフトウェアから保護する仕組みを導入し、適切に運用する。
(4)情報システムの使用に伴う漏えい等の防止 情報システムの使用に伴う個人データの漏えい等を防止するための措置を講じ、適切に運用しなければならない。	d 漏えい等の防止 特定個人情報等をインターネット等により外部に送信する場合、通信経路における漏えい等を防止するための措置を講ずる。

7. 外的環境の把握

個人情報保護法	マイナンバー法
個人情報取扱事業者が、外国において個人データを取り扱う場合、当該外国の個人情報の保護に関する制度等を把握した上で、個人データの安全管理のために必要かつ適切な措置を講じなければならない。	事業者が、外国において特定個人情報等を取り扱う場合、当該外国の個人情報の保護に関する制度等を把握した上で、特定個人情報等の安全の管理のために必要かつ適切な措置を講じなければならない。

個人情報の保護に関する法律（抄）

（著者注：下線部分は2022・2023年に改正がありました）

第四章　個人情報取扱事業者等の義務等

第二節　個人情報取扱事業者及び個人関連情報取扱事業者の義務

（利用目的の特定）

第十七条　個人情報取扱事業者は、個人情報を取り扱うに当たっては、その利用の目的（以下「利用目的」という。）をできる限り特定しなければならない。

2　個人情報取扱事業者は、利用目的を変更する場合には、変更前の利用目的と関連性を有すると合理的に認められる範囲を超えて行ってはならない。

（利用目的による制限）

第十八条　個人情報取扱事業者は、あらかじめ本人の同意を得ないで、前条の規定により特定された利用目的の達成に必要な範囲を超えて、個人情報を取り扱ってはならない。

2　個人情報取扱事業者は、合併その他の事由により他の個人情報取扱事業者から事業を承継することに伴って個人情報を取得した場合は、あらかじめ本人の同意を得ないで、承継前における当該個人情報の利用目的の達成に必要な範囲を超えて、当該個人情報を取り扱ってはならない。

3　前二項の規定は、次に掲げる場合については、適用しない。

一　法令（条例を含む。以下この章において同じ。）に基づく場合

二　人の生命、身体又は財産の保護のために必要がある場合であって、本人の同意を得ることが困難であるとき。

三　公衆衛生の向上又は児童の健全な育成の推進のために特に必要がある場合であって、本人の同意を得ることが困難であるとき。

四　国の機関若しくは地方公共団体又はその委託を受けた者が法令の定める事務を遂行することに対して協力する必要がある場合であって、本人の同意を得ることにより当該事務の遂行に支障を及ぼすおそれがあるとき。

五　当該個人情報取扱事業者が学術研究機関等である場合であって、当該個人情報を学術研究の用に供する目的（以下この章において「学術研究目的」という。）で取り扱う必要があるとき（当該個人情報を

取り扱う目的の一部が学術研究目的である場合を含み、個人の権利利益を不当に侵害するおそれがある場合を除く。）。

六　学術研究機関等に個人データを提供する場合であって、当該学術研究機関等が当該個人データを学術研究目的で取り扱う必要があるとき（当該個人データを取り扱う目的の一部が学術研究目的である場合を含み、個人の権利利益を不当に侵害するおそれがある場合を除く。）。

（不適正な利用の禁止）
第十九条　個人情報取扱事業者は、違法又は不当な行為を助長し、又は誘発するおそれがある方法により個人情報を利用してはならない。

（適正な取得）
第二十条　個人情報取扱事業者は、偽りその他不正の手段により個人情報を取得してはならない。

2　個人情報取扱事業者は、次に掲げる場合を除くほか、あらかじめ本人の同意を得ないで、要配慮個人情報を取得してはならない。

一　法令に基づく場合

二　人の生命、身体又は財産の保護のために必要がある場合であって、本人の同意を得ることが困難であるとき。

三　公衆衛生の向上又は児童の健全な育成の推進のために特に必要がある場合であって、本人の同意を得ることが困難であるとき。

四　国の機関若しくは地方公共団体又はその委託を受けた者が法令の定める事務を遂行することに対して協力する必要がある場合であって、本人の同意を得ることにより当該事務の遂行に支障を及ぼすおそれがあるとき。

五　当該個人情報取扱事業者が学術研究機関等である場合であって、当該要配慮個人情報を学術研究目的で取り扱う必要があるとき（当該要配慮個人情報を取り扱う目的の一部が学術研究目的である場合を含み、個人の権利利益を不当に侵害するおそれがある場合を除く。）。

六　学術研究機関等から当該要配慮個人情報を取得する場合であって、当該要配慮個人情報を学術研究目的で取得する必要があるとき（当該要配慮個人情報を取得する目的の一部が学術研究目的である場合を含み、個人の権利利益を不当に侵害するおそれがある場合を除く。）（当該個人情報取扱事業者と当該学術研究機関等が共同して学術研究を行う場合に限る。）。

七　当該要配慮個人情報が、本人、国の機関、地方公共団体、学術研究機関等、第五十七条第一項各号に掲げる者その他個人情報保護委員会規則で定める者により公開されている場合

八　その他前各号に掲げる場合に準ずるものとして政令で定める場合

（取得に際しての利用目的の通知等）

第二十一条　個人情報取扱事業者は、個人情報を取得した場合は、あらかじめその利用目的を公表している場合を除き、速やかに、その利用目的を、本人に通知し、又は公表しなければならない。

2　個人情報取扱事業者は、前項の規定にかかわらず、本人との間で契約を締結することに伴って契約書その他の書面（電磁的記録を含む。以下この項において同じ。）に記載された当該本人の個人情報を取得する場合その他本人から直接書面に記載された当該本人の個人情報を取得する場合は、あらかじめ、本人に対し、その利用目的を明示しなければならない。ただし、人の生命、身体又は財産の保護のために緊急に必要がある場合は、この限りでない。

3　個人情報取扱事業者は、利用目的を変更した場合は、変更された利用目的について、本人に通知し、又は公表しなければならない。

4　前三項の規定は、次に掲げる場合については、適用しない。

一　利用目的を本人に通知し、又は公表することにより本人又は第三者の生命、身体、財産その他の権利利益を害するおそれがある場合

二　利用目的を本人に通知し、又は公表することにより当該個人情報取扱事業者の権利又は正当な利益を害するおそれがある場合

三　国の機関又は地方公共団体が法令の定める事務を遂行することに対して協力する必要がある場合であって、利用目的を本人に通知し、又は公表することにより当該事務の遂行に支障を及ぼすおそれがあるとき。

四　取得の状況からみて利用目的が明らかであると認められる場合

（データ内容の正確性の確保等）

第二十二条　個人情報取扱事業者は、利用目的の達成に必要な範囲内において、個人データを正確かつ最新の内容に保つとともに、利用する必要がなくなったときは、当該個人データを遅滞なく消去するよう努めなければならない。

（安全管理措置）

第二十三条　個人情報取扱事業者は、その取り扱う個人データの漏えい、滅失又は毀損の防止その他の個人データの安全管理のために必要かつ適切な措置を講じなければならない。

（従業者の監督）

第二十四条　個人情報取扱事業者は、その従業者に個人データを取り扱わせるに当たっては、当該個人データの安全管理が図られるよう、当該従業者に対する必要かつ適切な監督を行わなければならない。

（委託先の監督）

第二十五条　個人情報取扱事業者は、個人データの取扱いの全部又は一部を委託する場合は、その取扱いを委託された個人データの安全管理が図られるよう、委託を受けた者に対する必要かつ適切な監督を行わなければならない。

（漏えい等の報告等）

第二十六条　個人情報取扱事業者は、その取り扱う個人データの漏えい、滅失、毀損その他の個人データの安全の確保に係る事態であって個人の権利利益を害するおそれが大きいものとして個人情報保護委員会規則で定めるものが生じたときは、個人情報保護委員会規則で定めるところにより、当該事態が生じた旨を個人情報保護委員会に報告しなければならない。ただし、当該個人情報取扱事業者が、他の個人情報取扱事業者又は行政機関等から当該個人データの取扱いの全部又は一部の委託を受けた場合であって、個人情報保護委員会規則で定めるところにより、当該事態が生じた旨を当該他の個人情報取扱事業者又は行政機関等に通知したときは、この限りでない。

2　前項に規定する場合には、個人情報取扱事業者（同項ただし書の規定による通知をした者を除く。）は、本人に対し、個人情報保護委員会規則で定めるところにより、当該事態が生じた旨を通知しなければならない。ただし、本人への通知が困難な場合であって、本人の権利利益を保護するため必要なこれに代わるべき措置をとるときは、この限りでない。

（第三者提供の制限）

第二十七条　個人情報取扱事業者は、次に掲げる場合を除くほか、あらかじめ本人の同意を得ないで、個人データを第三者に提供してはならない。

一　法令に基づく場合

二　人の生命、身体又は財産の保護のために必要がある場合であって、

　　　本人の同意を得ることが困難であるとき。

三　公衆衛生の向上又は児童の健全な育成の推進のために特に必要がある場合であって、本人の同意を得ることが困難であるとき。

四　国の機関若しくは地方公共団体又はその委託を受けた者が法令の定める事務を遂行することに対して協力する必要がある場合であって、本人の同意を得ることにより当該事務の遂行に支障を及ぼすおそれがあるとき。

五　当該個人情報取扱事業者が学術研究機関等である場合であって、当該個人データの提供が学術研究の成果の公表又は教授のためやむを得ないとき（個人の権利利益を不当に侵害するおそれがある場合を除く。）。

六　当該個人情報取扱事業者が学術研究機関等である場合であって、当該個人データを学術研究目的で提供する必要があるとき（当該個人データを提供する目的の一部が学術研究目的である場合を含み、個人の権利利益を不当に侵害するおそれがある場合を除く。）（当該個人情報取扱事業者と当該第三者が共同して学術研究を行う場合に限る。）。

七　当該第三者が学術研究機関等である場合であって、当該第三者が当該個人データを学術研究目的で取り扱う必要があるとき（当該個人データを取り扱う目的の一部が学術研究目的である場合を含み、個人の権利利益を不当に侵害するおそれがある場合を除く。）。

2　個人情報取扱事業者は、第三者に提供される個人データについて、本人の求めに応じて当該本人が識別される個人データの第三者への提供を停止することとしている場合であって、次に掲げる事項について、個人情報保護委員会規則で定めるところにより、あらかじめ、本人に通知し、又は本人が容易に知り得る状態に置くとともに、個人情報保護委員会に届け出たときは、前項の規定にかかわらず、当該個人データを第三者に提供することができる。ただし、第三者に提供される個人データが要配慮個人情報又は第二十条第一項の規定に違反して取得されたもの若しくは他の個人情報取扱事業者からこの項本文の規定により提供されたもの（その全部又は一部を複製し、又は加工したものを含む。）である場合は、この限りでない。

一　第三者への提供を行う個人情報取扱事業者の氏名又は名称及び住所並びに法人にあっては、その代表者（法人でない団体で代表者又は

管理人の定めのあるものにあっては、その代表者又は管理人。以下この条、第三十条第一項第一号及び第三十二条第一項第一号において同じ。）の氏名

二　第三者への提供を利用目的とすること。

三　第三者に提供される個人データの項目

四　第三者に提供される個人データの取得の方法

五　第三者への提供の方法

六　本人の求めに応じて当該本人が識別される個人データの第三者への提供を停止すること。

七　本人の求めを受け付ける方法

八　その他個人の権利利益を保護するために必要なものとして個人情報保護委員会規則で定める事項

3　個人情報取扱事業者は、前項第一号に掲げる事項に変更があったとき又は同項の規定による個人データの提供をやめたときは遅滞なく、同項第三号から第五号まで、第七号又は第八号に掲げる事項を変更しようとするときはあらかじめ、その旨について、個人情報保護委員会規則で定めるところにより、本人に通知し、又は本人が容易に知り得る状態に置くとともに、個人情報保護委員会に届け出なければならない。

4　個人情報保護委員会は、第二項の規定による届出があったときは、個人情報保護委員会規則で定めるところにより、当該届出に係る事項を公表しなければならない。前項の規定による届出があったときも、同様とする。

5　次に掲げる場合において、当該個人データの提供を受ける者は、前各項の規定の適用については、第三者に該当しないものとする。

一　個人情報取扱事業者が利用目的の達成に必要な範囲内において個人データの取扱いの全部又は一部を委託することに伴って当該個人データが提供される場合

二　合併その他の事由による事業の承継に伴って個人データが提供される場合

三　特定の者との間で共同して利用される個人データが当該特定の者に提供される場合であって、その旨並びに共同して利用される個人データの項目、共同して利用する者の範囲、利用する者の利用目的並びに当該個人データの管理について責任を有する者の氏名又は名称及び住所並びに法人にあっては、その代表者の氏名について、あらかじめ、

本人に通知し、又は本人が容易に知り得る状態に置いているとき。

6　個人情報取扱事業者は、前項第三号に規定する個人データの管理について責任を有する者の氏名、名称若しくは<u>住所又は法人にあっては、その代表者の氏名に変更があったときは遅滞なく、同号に規定する利用する者の利用目的又は当該責任を有する者を変更しようとする</u>ときはあらかじめ、<u>その旨</u>について、本人に通知し、又は本人が容易に知り得る状態に置かなければならない。

（外国にある第三者への提供の制限）

第二十八条　個人情報取扱事業者は、外国（本邦の域外にある国又は地域をいう。以下この条及び第三十一条第一項第二号において同じ。）（個人の権利利益を保護する上で我が国と同等の水準にあると認められる個人情報の保護に関する制度を有している外国として個人情報保護委員会規則で定めるものを除く。以下この条及び同号において同じ。）にある第三者（個人データの取扱いについてこの節の規定により個人情報取扱事業者が講ずべきこととされている措置に相当する措置（第三項において「相当措置」という。）を継続的に講ずるために必要なものとして個人情報保護委員会規則で定める基準に適合する体制を整備している者を除く。以下この項及び次項並びに同号において同じ。）に個人データを提供する場合には、前条第一項各号に掲げる場合を除くほか、あらかじめ外国にある第三者への提供を認める旨の本人の同意を得なければならない。この場合においては、同条の規定は、適用しない。

2　<u>個人情報取扱事業者は、前項の規定により本人の同意を得ようとする場合には、個人情報保護委員会規則で定めるところにより、あらかじめ、当該外国における個人情報の保護に関する制度、当該第三者が講ずる個人情報の保護のための措置その他当該本人に参考となるべき情報を当該本人に提供しなければならない。</u>

3　<u>個人情報取扱事業者は、個人データを外国にある第三者（第一項に規定する体制を整備している者に限る。）に提供した場合には、個人情報保護委員会規則で定めるところにより、当該第三者による相当措置の継続的な実施を確保するために必要な措置を講ずるとともに、本人の求めに応じて当該必要な措置に関する情報を当該本人に提供しなければならない。</u>

（第三者提供に係る記録の作成等）

第二十九条　個人情報取扱事業者は、個人データを第三者（第十六条第二

項各号に掲げる者を除く。以下この条及び次条（第三十一条第三項において読み替えて準用する場合を含む。）において同じ。）に提供したときは、個人情報保護委員会規則で定めるところにより、当該個人データを提供した年月日、当該第三者の氏名又は名称その他の個人情報保護委員会規則で定める事項に関する記録を作成しなければならない。ただし、当該個人データの提供が第二十七条第一項各号又は第五項各号のいずれか（前条第一項の規定による個人データの提供にあっては、第二十七条第一項各号のいずれか）に該当する場合は、この限りでない。

2　個人情報取扱事業者は、前項の記録を、当該記録を作成した日から個人情報保護委員会規則で定める期間保存しなければならない。

（第三者提供を受ける際の確認等）

第三十条　個人情報取扱事業者は、第三者から個人データの提供を受けるに際しては、個人情報保護委員会規則で定めるところにより、次に掲げる事項の確認を行わなければならない。ただし、当該個人データの提供が第二十七条第一項各号又は第五項各号のいずれかに該当する場合は、この限りでない。

　　一　当該第三者の氏名又は名称及び住所並びに法人にあっては、その代表者の氏名
　　二　当該第三者による当該個人データの取得の経緯

2　前項の第三者は、個人情報取扱事業者が同項の規定による確認を行う場合において、当該個人情報取扱事業者に対して、当該確認に係る事項を偽ってはならない。

3　個人情報取扱事業者は、第一項の規定による確認を行ったときは、個人情報保護委員会規則で定めるところにより、当該個人データの提供を受けた年月日、当該確認に係る事項その他の個人情報保護委員会規則で定める事項に関する記録を作成しなければならない。

4　個人情報取扱事業者は、前項の記録を、当該記録を作成した日から個人情報保護委員会規則で定める期間保存しなければならない。

個人情報の保護に関する法律・政令・規則・ガイドライン等は個人情報保護委員会のサイトで参照可能です。
https://www.ppc.go.jp/personalinfo/legal/　個人情報保護委員会　検索

個人情報保護・マイナンバー
鉄則10カ条

1 氏名、名刺、防犯カメラの映像等も
すべて個人情報である

2 個人情報を取得するときは
利用目的を伝える

3 個人情報は目的以外のことに
使ってはいけない

4 個人データは安全に管理し、委託先を監督する

5 本人の同意がなければ個人データの
第三者提供はできない（委託等は除く）

6 外国に個人データを移転する場合には、
国名や法制度を説明する

7 個人データの漏えい等が発生した場合、
委員会へ報告し、本人に通知する

8 マイナンバーは社会保障・税・災害対策の
3分野の使用で始まり、範囲を拡大中

9 マイナンバーは役所に書類を出すなど
法律が定めた場面以外には使えない

10 マイナンバーは取扱担当者を決めて、
安全に管理する

【著者略歴】

影島 広泰 (かげしま　ひろやす)

弁護士。牛島総合法律事務所パートナー。
一橋大学法学部卒業。2003年弁護士登録、牛島総合法律事務所入所。2013年に同事務所パートナーに就任。"マイナンバー制度・個人情報保護法への実務対応"の第一人者として、企業法務に従事するほか、寄稿、講演・セミナーでも大人気。経済産業省、商工会議所から金融機関やシンクタンク、企業の主催まで、講演・セミナーの地域・対象も多岐にわたる。さらに、システム開発法務、リスクマネジメント、エンターテインメント分野の法的スキーム開発などにも携わる。
日本経済新聞社「企業が選ぶ弁護士ランキング」(2019年) データ関連部門で第1位に選出される。
主な著書に『預貯金口座付番に対応！　金融機関のマイナンバー取扱い実務』(近代セールス社)、『改正個人情報保護法と企業実務』(清文社)、『法律家・法務担当者のためのＩＴ技術用語辞典〔第2版〕』(編著、商事法務) など。

装幀◎鈴木大輔・江﨑輝海（ソウルデザイン）
本文設計・DTP◎ホリウチミホ（nixinc）
校正◎内田翔
編集協力◎稲垣豊（友楽社）

これで安心！　個人情報保護・マイナンバー　第3版

2017年6月1日　　1版1刷
2024年6月25日　　3版1刷

著　者―――影島広泰
　　　　　　　©Hiroyasu Kageshima, 2024
発行者―――中川ヒロミ
発　行―――株式会社日経BP
　　　　　　日本経済新聞出版
発　売―――株式会社日経BPマーケティング
　　　　　　〒105–8308　東京都港区虎ノ門4–3–12

印刷・製本――シナノ印刷
ISBN978-4-296-12054-3